# 学校では教えてくれない
# 日本史の授業 書状の内幕

井沢元彦

PHP文庫

○本表紙図柄＝ロゼッタ・ストーン（大英博物館蔵）
○本表紙デザイン＋紋章＝上田晃郷

# 「立体的に見る視点」――まえがきに代えて

歴史は時系列的に頭から書いていくというのが普通の形です。

しかし、長年それをやっているとどうしても書き落としてしまうことがあります。たとえば細かいディテールや別の側面から見た歴史です。そういうものをまとめてやっておくと、歴史を立体的に見ることができ、歴史の見方がさらに深まるという効果があります。いろいろな角度からものを見ると、ものがよく見えるのと同じことですね。

私は、この本でそれを試みています。皆さんの歴史理解の一助になれば幸いです。

井沢元彦

# 学校では教えてくれない日本史の授業　書状の内幕

目次

## 第二部　もうひとつの日本史

## 第二十九章　もし日本が太平洋戦争に勝っていたら

# 第一部

# 手紙で綴る日本史

# 第一章

## 聖徳太子の国書

――日中関係の原点

## ❖対等願望

時代の曲がり角には、必ずその時代を象徴するような人物がいます。その人物が書いた手紙にも、その時代の問題点が凝縮されていることが多いのです。

最初に、推古《すいこ》天皇一五年（六〇七）、まだ日本独自の年号もないこの時期に、聖徳太子が中国（当時は隋）に送った国書を取り上げたいと思います。もっともはじめから、やや肩透かし気味で恐縮ですが、この国書、実は原文は残っていません。

隋の歴史を記した書『隋書』の中の、日本に関する記事が載せられている「倭《わ》国伝《こくでん》」、その「隋書倭国伝」に、その国書のほんの一部分があります。

「日出《ひい》づる処《ところ》の天子《てんし》、書を日没《ぼっ》する処の天子に致す、恙無《つつがな》きや――」

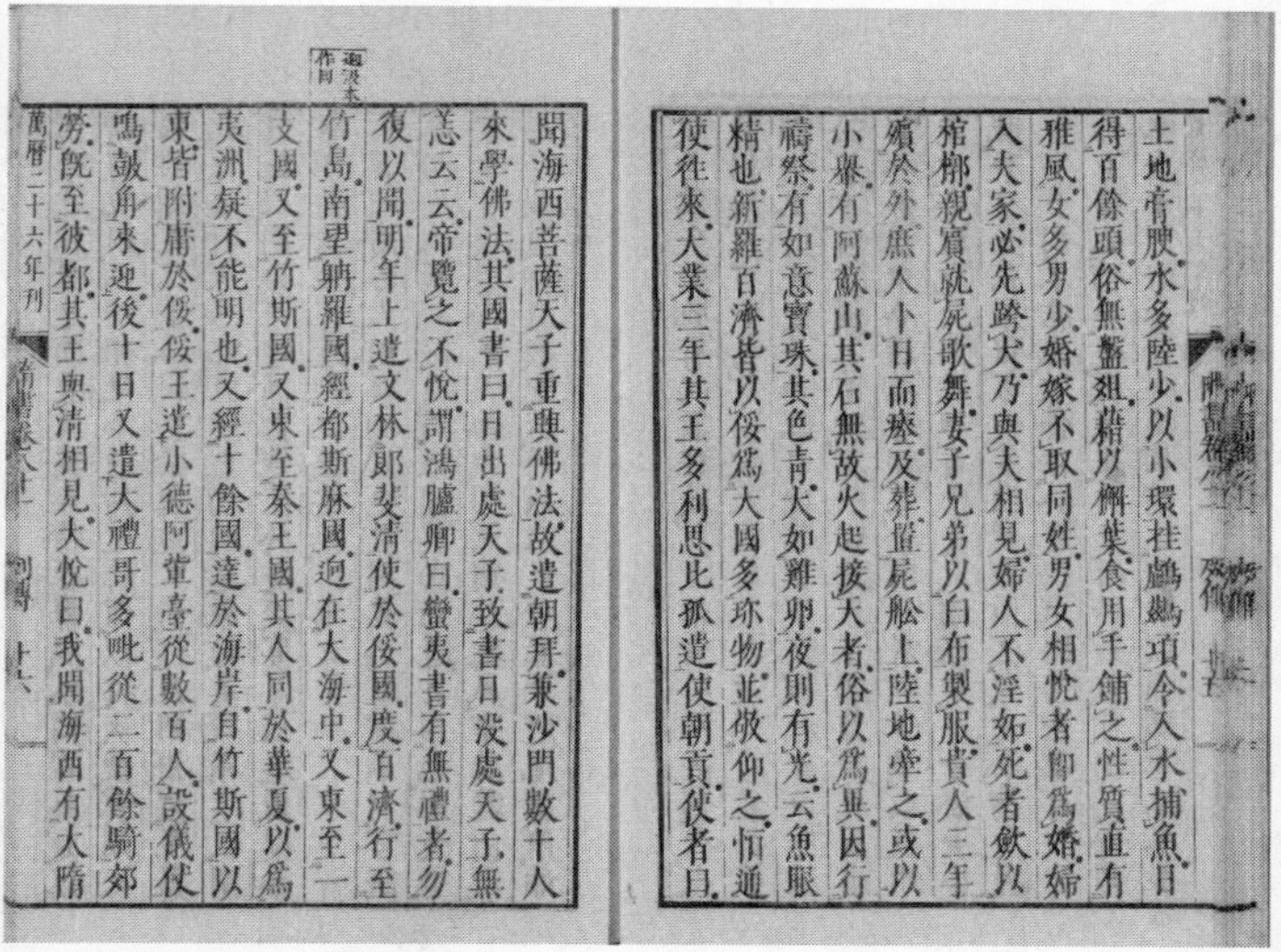
土地膏腴水多陸少以小環挂鸕鷀項令入水捕魚日得百餘頭俗無盤俎藉以槲葉食用手餔之性質直有雅風女多男少婚嫁不取同姓男女相悅者即爲婚婦入夫家必先跨犬乃與夫相見婦人不淫妬死者斂以棺槨親賓就屍歌舞妻子兄弟以白布製服貴人三年殯於外庶人卜日而瘞及葬置屍船上陸地牽之或以小轝有阿蘇山其石無故火起接天者俗以爲異因行禱祭有如意寶珠其色青大如雞卵夜則有光云魚眼精也新羅百濟皆以倭爲大國多珎物並敬仰之恒通使往來大業三年其王多利思比孤遣使朝貢使者曰

聞海西菩薩天子重興佛法故遣朝拜兼沙門數十人來學佛法其國書曰日出處天子致書日沒處天子無恙云云帝覽之不悅謂鴻臚卿曰蠻夷書有無禮者勿復以聞明年上遣文林郎裴清使於倭國度百濟行至竹島南望耽羅國經都斯麻國逈在大海中又東至一支國又至竹斯國又東至秦王國其人同於華夏以爲夷洲疑不能明也又經十餘國達於海岸自竹斯國以東皆附庸於倭倭王遣小德阿輩臺從數百人設儀仗鳴鼓角來迎後十日又遣大禮哥多毗從二百餘騎郊勞既至彼都其王與清相見大悅曰我聞海西有大隋

萬曆二十六年刊

『隋書』（国立国会図書館蔵）

これだけです。

意味は訳すまでもないでしょう。

「太陽が出る国の王者より、太陽が沈む国の王者へ手紙を出す、元気か？」ということです。

たったこれだけですが、これだけですべてを語り尽くしています。

日本と中国との関係の原点がここにあるのです。

それを一言で言えば、対等意識です。さらに正確に言えば、対等願望でしょう。

そもそも、これを理解するためには、まず中華思想というものを理解しなければなりません。

## ❖中央の華

中華の国、略して中国。それは一体どんな意味でしょうか。それは中央の華《はな》と読んでほしいということ。つまり世界の中心であり、文化も文明も最も優れたところ、それが中国なのだということです。

では中国とは、たくさん国がある中での、一番優《すぐ》れて美しい国のことなのでしょうか？

実は、日本人がよく間違うのはこの点なのです。

**中国とは、たくさんある国の中の一つではありません。そうではなくて、むしろ中国だけが真の「国」であり、あとは周辺地域であるということです。**中国人はこの四方の地域に、ご丁寧に全部名前をつけました。

東夷《とうい》、西戎《せいじゅう》、南蛮《なんばん》、北狄《ほくてき》——要するに全部野蛮人ということです。東夷とは東の方向に住んでいる中国人（文明人）ではないエビス（野蛮人）のことであり、西戎も南蛮も北狄も以下同様です。

では、そういう野蛮人が文明人になる方法はないかといえば、一つあります。中国に朝貢《ちょうこう》するのです。平たく言えば、貢ぎ物を差し出して中国の王者（皇帝）の家来にしてもらえばいいということです。

実際にそれを行なったのが、金印で有名な倭の奴国《なこく》の王であり、邪馬台国の卑弥呼《ひみこ》です。彼らはそれぞれ中国から「王」に任ぜられました。王というと偉そうですが、実はちっとも偉くはありません。中国の支配者は単なる王ではなく「皇帝」です。その皇帝に任命され、中国の各地方や、それよりはるかに離れた野蛮人の国を治めるのが「王」です。

卑弥呼らは金印をもらうことによって、「倭王《わおう》」と認められ、倭国もそれによって、ようやく「地域」から「国」へと昇格したことになります。

## ❖中華思想

朝貢というと、何か屈辱的な感じがするかもしれませんが、おそらく当時の人は、そんなことをあまり感じなかったでしょう。

というのは、まず国力が違います。そして文明層も違う。違いすぎるのです。中国の三国時代、諸葛孔明《しょかつこうめい》や関羽《かんう》がいた時代に、日本はちょうど卑弥呼の時代でした。すなわち西部開拓以前のネイティブアメリカンのようなものだったのです。

この世界最大の文明国に対して、頭を下げて貢ぎ物を持っていくと、向こう側は「おう、よしよし」と頭を撫《な》でて、貢ぎ物に数倍する物をくれます。注意しなければならないのは、中国が外「国」と貿易する時は、全部この形になるということです。

中国は世界で一番偉いのだから、対等ということを認めません。相互に対等な国があり、その国々が対等な立場で輸出入をするというのが、本来の貿易ですが、中華思想の下では、そういう概念は絶対に有り得ません。「対等な国同士」という発想が、そもそも許されないのです。

中国は数千年もの間、これで押し通してきました。実際、一五～一六世紀ぐらいまではこれが通用したのです。中国は実際に世界一の大国であり文明国であったからです。

聖徳太子が建立した夢殿（法隆寺）

しかし、科学文明の発達で、イギリスやフランスなどが台頭してくると、もう立ち行かなくなりました。

中華思想ほど、いったん落ち目になると始末におえない思想はないのです。

なぜなら「対等」ということを認めないのですから、「相手に学ぶ」という発想がでてきません。「自分が最高」ということは「相手は常に自分より劣っている」と考えることにもなります。独善的で傲慢《ごうまん》で自省心がないという最悪の状態になるのです。

そう、中華思想ほどある意味で傲慢な思想はありません。これは少しでもプライドのある人間なら、誰もが感じることでしょう。

実は、**日本の対中国感情には、この中華思想への反感が底流としてずっとあります。**

そして、それが、ついこの間の戦争では、「傲慢な中国」に対する侵略という形で爆発したのです。

その中華思想への反感、そして中国への対等意識、これが初めて記録の上から確認できるのが、この聖徳太子の国書なのです。

## ❖「無礼な」書

「日出づる処」とは、もちろん日本のことです。そして「日没する処」とは中国のことです。これは日本と中国を対等な関係と見なければ、絶対に出てこない表現です。書を「致す」というのもそれで、「奉る《たてまつ》」のではありません。「奉る」と言えばへりくだったことになりますが、「致す」と言えば対等です。「恙無きや」もそうです。「お元気ですか」ではありません、「よう、元気か」ぐらいの感じです。

もっとも、この時代、日本と中国の国力はかけ離れています。太平洋戦争時の日本とアメリカどころの騒ぎではありません。巨象と蟻《あり》ぐらいの違いがあったでしょう。

たとえば、中国と地続きの朝鮮では、こういう国書は送れません。中華思想の下では、野蛮人が無礼な行為をした、というだけで、征伐《せいばつ》（これも対等な関係では有り得ない表現）の対象になります。うっかりしたことは言えないのです。

しかし、日本は幸いにも四方を海に囲まれています。いかに中国が強大だといっても滅多に攻めてこられるものではありません。

それゆえ聖徳太子はこんな「無礼な」書を送ることができたのです。

残念ながら、この国書は日本側の記録には残されていません。

あまりの無礼さに驚いた中国側が、そのことを記録にとどめたために、今日我々が知ることができるのです。

世界一の大国であり文明国であった中国。その中国に中華思想が生まれたのは、ある意味で当然かもしれません。

しかし、**中華思想はやはりもう時代遅れの思想でしょう。そのことを我々はしっかり認識し、隣国の友人たちにも伝えていく義務があるのではないでしょうか。**

それとともに、我々日本人は、中華思想に対する反感のあまり、ついつい感情的な行動を取りがちだったことも認めるべきです。

この国書も気宇壮大であることは間違いないにしても、現状認識という点でやや甘いといえます。ただ日本人にしては珍しい、スケールの大きな手紙であることは、間違いないでしょう。

# 第二章

# 菅原道真の上奏文

## ――「勇気」ある判断、遣唐使廃止

## ❖唐衰退の情報

古代から近世にかけて日本外交の基本は、日中関係でした。

もちろん、当時の中国は文字どおり世界一の文明国であり、その関係は日本側の一方的な片思いといってもよいでしょう。

中国の文明にあこがれてかの地に渡った人々は、その後、帰国して日本文化の基礎を築きました。小野妹子《おののいもこ》に始まり、最澄《さいちょう》、空海《くうかい》といった人々がそれです。この人々が日本文化へ与えた影響は計りしれません。一方、その巨大な文明に魅《み》せられて、かの地に残り一生を終えた人もいました。阿倍仲麻呂《あべのなかまろ》、藤原清河《ふじわらのきよかわ》らがそうです。

使節団は四隻の船に分乗し、多いときには五〇〇人を数えました。最も盛んな時の中国の国号を取って、多くは遣唐使と呼ばれています。

ところが、どんな国にも栄枯盛衰はあるものです。

この、ローマ帝国と並び称され、世界に冠たる大国であった唐も、ついに衰えを見せるようになりました。

皮肉なことにそれは、唐歴代皇帝の中で最も優れた政治を行った玄宗《げんそう》皇帝の時代に起こりました。

玄宗といえば楊貴妃《ようきひ》とのラブロマンスであまりにも有名ですが、この楊氏の女性とかかわりを持ったところから、大唐の衰亡は始まったのです。

国を傾ける「傾国《けいこく》の美女」という言葉がありますが、楊貴妃こそ、まさにそれにふさわしい女性でした。いとこの楊国忠という男が抜てきされ国を治めましたが、そのデタラメな政治に、反乱が起こったのです。これが〝安禄山《あんろくざん》の乱〟です。

これで唐は一気に滅亡への道をたどり始めたのでした。

そのことは情報として、日本にも伝えられてはいました。中瓘《ちゅうかん》という日本人僧が唐から情報を送ったのです。

しかし、日本ではそれがなかなか現実のものとは受け取られませんでした。

というのは、彼ら朝廷の官僚にとって、あの大唐が滅亡へと向かっているなど、現実感に乏《とぼ》しいことであったでしょうし、官僚の中には「洋行帰り」ならぬ「唐帰り」もたくさんいます。いま仮に「アメリカが衰亡に向かっている、だから日米関係を縮小せよ」と主張しても、霞が関のお役人たちは容易に受け入れがたいでしょう。それと同じことです。

## ❖「臣等伏して願はくは――」

ところが、この時、それを敢然と主張した官僚がいました。

それが、いまや学問の神様として有名な菅原道真《すがわらのみちざね》なのです。

寛平《かんぴょう》六年（八九四）、当時参議であった菅原道真は、ときの帝《みかど》・宇多《うだ》天皇に、上奏しました。

「臣某《しんそれがし》、謹《つつし》んで案《あん》ずるに、大唐の凋弊《ちょうへい》（衰えること）これ（中瓘の書状）に載すること具《つぶさ》なり。臣等《しんら》伏して旧記を検するに、度々の使等、あるいは海を渡りて命《めい》に堪へざる者あり。あるいは賊にあひて遂に身を亡《ほろ》ぼす者あり。唯未だ唐に至りては難阻《なんそ》飢寒《きかん》の悲《かなしみ》ありしことを見ず。中瓘申し報ずる所の如き、未然の事推《お》して知るべし。臣等伏して願はくは、中瓘録記の状を以《も》って、あ

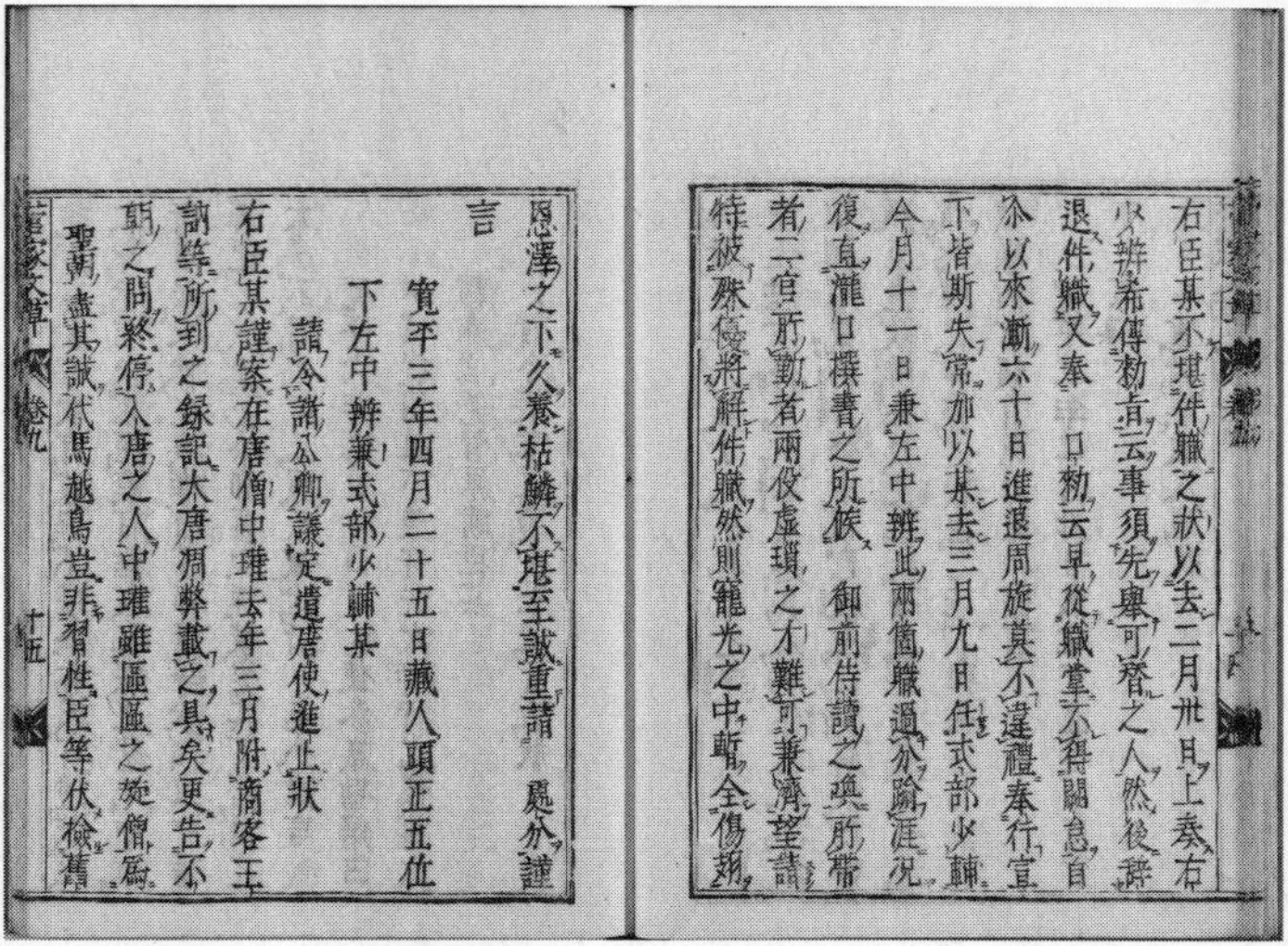
右臣某不堪件職之状以去二月廿日上奏右
少弁希俦勅宣云事須先挙可替之人然後辞
退件職又奉　口勅云早従職掌不得闕怠自
尓以来渉六十日進退周旋莫不違禮奉行宣
下皆斯失常加以某去三月九日任式部少輔
今月十一日兼左中弁此両箇職過分踰涯況
復直瀧口撰書之所候御前侍読之興所帯
者二官所勤者両役虚頑之才難可兼済望請
特被殊優将解件職然則寵光之中全傷翅
恩澤之下久養枯鱗不堪至誠重請　分謹
言
寛平三年四月二十五日蔵人頭正五位
下左中弁兼式部少輔某
請令諸公卿議定遣唐使進止状
右臣某謹案在唐僧中瓘去年三月附商客王
訥等所到之録記大唐凋弊載之具矣更告不
朝之問終停入唐之人中瓘雖區區之旋僧為
聖朝盡其誠代馬越鳥豈非習性臣等伏検旧

『菅家文草』（国立国会図書館蔵）

まねく公卿・博士に下し、つまびらかに其《そ》の可否を定められんことを。国の大事にして独り身のためのみならず。且《かつ》は款誠《かんせい》を陳《の》べて伏して処分を請ふ。つつしんで言《もう》す――」

一部略したところもありますが、大意はお分かりだと思います。要するに、中瓘の情報によれば唐は衰えきっており、かつては海難や盗難さえ切り抜け唐に至れば、生命の危険はありませんでしたが、これからは危ない（未然の事推して知るべし）、だから「其の可否」、つまり遣唐使をやめるかやめないか一刻も早く決定すべきだ、と上奏しているのです。むろん道真の本心は遣唐使廃止にあります。

この上奏は受け入れられることになりました。遣唐使は廃止され、これ以後、日本は国風文化の熟成へと向かうことになるのです。

案外見逃されているのが、**これが日本にとって第一回目の「鎖国」だったということです。**

江戸時代の鎖国とは条件も違いますし、あれはむしろ後ろ向きの政策でした。これは止《や》むを得ないことでしたから、同列には論じられませんが、それでも鎖国は鎖国です。逆に言えば、江戸時代の日本も「国風文化」の熟成した時期です。きっかけは違っても、影響や効果といったものは、やはり同じになるのかもしれません。

江戸時代の鎖国は、徳川幕府の支配を強化するためだけの政策でした。しかし道真は違います。道真は、あくまで遣唐使の廃止が日本の国にとって必要だと思ったからこそ、勇気をもって意見を述べたのです。

そしてその判断は正しいものでした。

いま「勇気をもって」と言いましたが、あまり家柄のよくない菅原氏の出身である道真が、極めて異例の出世を遂げたのも、この「勇気」によるものなのです。

## ❖基経を諫める

この時代の朝廷は藤原氏の専横がまかり通っていました。**奈良時代以降、娘を天皇の妃に送り込み、その産んだ子を天皇の位に就《つ》けて、天皇の外《がい》祖父として政治の実権を握る。これが藤原氏のやり口でした。**

ところが宇多天皇は、もとは源《みなもとの》定省《さだみ》といって一度は臣籍降下（皇族の身分を離れる）したのに、数奇な運命に導かれて天皇の位に就いた人です。温室育ちではないですから気概があり、母は藤原の娘ではありません。かねてから藤原氏の専横を苦々しく思ってもいました。

しかし、藤原氏の実力は無視するわけにはいきません。当時藤原氏のトップは基経《もとつね》です。そこで基経を太政大臣として立てていたのですが、ここでその基経がとんでもない嫌がらせをしました。

宇多帝は基経を頼りにしているとの意を込めた詔勅を、学者の橘広相《たちばなのひろみ》に起草させました。この中に初めて「関白」という言葉が出てきます。本来は天下の政《まつりごと》すべてを「関《あずか》り白《もう》す」という意味ですが、後に名詞化して人臣最高位を表す役職名になったのです。

宇多帝がそれほど気を遣《つか》ったのに、基経はその詔勅の中にあった「阿衡《あこう》」という言葉に難癖をつけました。

「阿衡（中国の官名）は位階であっても役職名ではない。阿衡と呼ぶのは、私に官職を辞めろという意味だろう」

もちろんこれはヤクザの言いがかりと同じで、学問的には何の根拠もありません。阿衡は官職名なのです。「宰相」の気取った言い方だと思えばいいでしょう。

もちろん宇多帝は謝る必要はありません。けれども基経はヘソを曲げて出仕しません。前後の事情から考えて、基経は言いがかりをつけることによって、天皇に自分の実力を思い知らせようとしたのでしょう。イヤな奴です。一種のストライキといってもいいかもしれません。

これにより国政は滞《とどこお》ってしまいました。

太宰府政庁跡

そこで宇多帝は無念の思いで「自分の詔勅は誤りだった」と宣言しました。しかし、これでも基経は怒りをおさめずに、橘広相の処罰まで要求しました。

ここで道真が立ち上がりました。当時中級官僚でしかなかった道真が、天下の関白に書を送り、諫《いさ》めたのです。これで一件落着しました。

基経の死後、道真は宇多帝に気に入られ、醍醐帝の時には右大臣まで出世しましたが、基経の子・時平の策略によって大宰《だざい》府《ふ》へ事実上の流罪にされました。そこで死んだ道真が怨霊神「天神」となって時平らに復讐した話はまた別の機会に譲りたいと思います。

# 第三章

# 源義経の腰越状——悲運の真因

## ❖荘園と名ばかりの平安

九世紀、前章でとりあげた菅原道真の時代から絶頂の域に達した藤原氏の摂関政治も、二世紀ほど後には衰えを見せていました。

その理由は、一言でいえば土地制度の矛盾にあります。

古代の日本は公地公民制でした。つまり土地は国有で、それを耕作する民も国家に属していました。ところが、この時代になると、藤原一族が中心となって、荘園というものを全国にたくさん作るようになりました。

荘園とは私営農場のことです。つまり、**ある土地を荘園化するということは、国有地を私有地にするということで、国の立場から見ると、国有地が一私人に奪われることになります。荘園化されれば、その土地の住民も荘園の所属となります。つまり荘園領主の私有民となってしまうのです。**

しかも現代と大きく違うのは、荘園には税がかからない、ということでした。

国有地ならば、そこから上がる収益には課税され、一部が国庫に納められます。しかし荘園は、荘園領主の完全な私有地であるばかりでなく、国に対する納税の義務も免除されているのです。

どうして、こんな不思議なものができたのでしょうか。今回のテーマではないので詳しくは触れませんが、この時代の政策で一番まずかったのは、荘園の数を規制する法律が常に後手後手に回ったことです。

現代でも、もし一定の手続きを踏むだけで自分の所有地が免税になるとしたら、誰もがそうしようと思うでしょう。しかも、この時代は権力者である藤原一族が率先してそれをやったのです。

たちまちのうちに、日本全国の土地が荘園化されていきました。

寄らば大樹の陰とばかりに、全国の中小豪族も、自分の土地を権力者藤原一族に献上しました。もちろん、ただでくれてやったのではありません。むしろこの献上は形式で、いったん所有権を藤原氏に移し荘園化してもらいます。そして自分は藤原氏の「代官（代理人）」という形で、免税の特権を謳歌《おうか》するというわけです。

かくして日本国中、大部分の土地が藤原一族の私有地（免税地）となってしまいました。国有地がほとんどないのですから、税収も減少します。

藤原氏が「この世をば我が世とぞ思う」と栄華を極める一方で、国庫にはまるで金がなく、まともな政治が行われないというひどい状態になりました。

**平安時代というのは、まさに名前のみで、この当時の国家には、国家としてまともな力がありませんでした。首都である京の治安維持すら、満足にできなかったのです。**

## ❖武士による独立政権の誕生

こうした状況の中で武士というものが登場します。

武士は、もともとは在地地主ですが、国家に治安維持能力がないために武装し、自衛力を身につけたものです。

武士たちは、いわば「土地制度の現場出身者」ですから、このままではいけないということがよく分かっています。そこで、藤原一族の横暴を打破し、新しい自分たちのための政府を作ろうという動きが出てきました。

その最初のものが、天慶《てんぎょう》二年（九三九）の平将門《まさかど》・藤原純友《すみとも》の乱です。この乱は、それゆえに、天皇への反乱ではなく藤原摂関政治への反乱と見るべきでしょう。

この試みは失敗しましたが、次第に実力をつけた武士たちは、平清盛に至って、ついに天下を取りました。しかし、平家は貴族化してしまい、武士の出身でありながら、武士階級の利益を代表しているとはいえなくなってしまいます。

その平家の政治を引っ繰り返し、**本当の意味での「武士の、武士による、武士のための」政治、平将門が目指したが果たせなかった武士による関東独立政権を創始したのが源頼朝《よりとも》です。**

頼朝の政権は、まず朝廷から征夷大将軍《せいいたいしょうぐん》という地位に任じてもらい、全国の武士を統率する形で日本を支配するというものです。もちろん、朝廷の支配権は無視します。法律的にいえば非合法の軍事政権です。

この政権樹立に最も大功のあった人物が、頼朝の異母弟、源義経《よしつね》です。

政権を樹立するためには、まず軍事的勝利が必要です。平家を倒さなければなりません。時代も、頼朝政権も、天才的な軍人を必要としていました。

それが義経だったのです。

義経がどのように育ち、どのように平家を倒したか、それはあまりにも有名だから書きません。

問題はその後です。

## ❖怒りと叫び

義経はそれだけの大功をあげたにもかかわらず、兄頼朝の怒りを買いました。

義経は驚き、平家の囚人を護送して鎌倉の近く、腰越《こしごえ》までやってきて、兄の頼朝に手紙を送り訴えました。これが腰越状です。

義経は言います。

「抽賞《ちゆうしよう》を被る《こうむ》べきのところ、思ひのほかに虎口の讒言《ざんげん》によって、莫大の勲功を黙止せらる。義経犯すことなくして咎《とが》を蒙る《こうむ》」

・自分は大功をあげました。本来なら莫大な恩賞を受けてしかるべきです。しかるに、心ない者の告げ口によって、多くの勲功を無視されることになりました。私は犯してもいないのに罪をこうむっています。

そして、これまでの苦労をめんめんとして訴えます。

「故頭殿《ことうのとの》（父義朝）御他界の間、無実之子《みなしご》となりて母の懐中に抱かれ、一日片時《へんじ》も安堵《あんど》の思ひに住せず、身を在々所々に隠し、辺土遠国を栖《すみか》となして、土民百姓等に服仕せらる。しかれども幸慶たちまちに純熟して、平氏を責（攻）め傾けんがために、ある時は峨々《がが》たる巌石に駿馬《しゅんめ》を策《むち》ち、ある時は漫々たる大海に風波の難を凌《しの》ぎ、身を海底に沈め、骸を鯨鯢《げいげい》の鰓《あぎと》に懸くることを痛ましくせず。しかのみならず甲冑を枕となし、弓箭《きゅうせん》を業となす。本意は、亡魂の憤りを休めたてまつり、年来の宿望を遂げんと欲するのほか他事なし」

父を失って以来、片時も心の休まる時はありませんでした。諸国を流浪して、

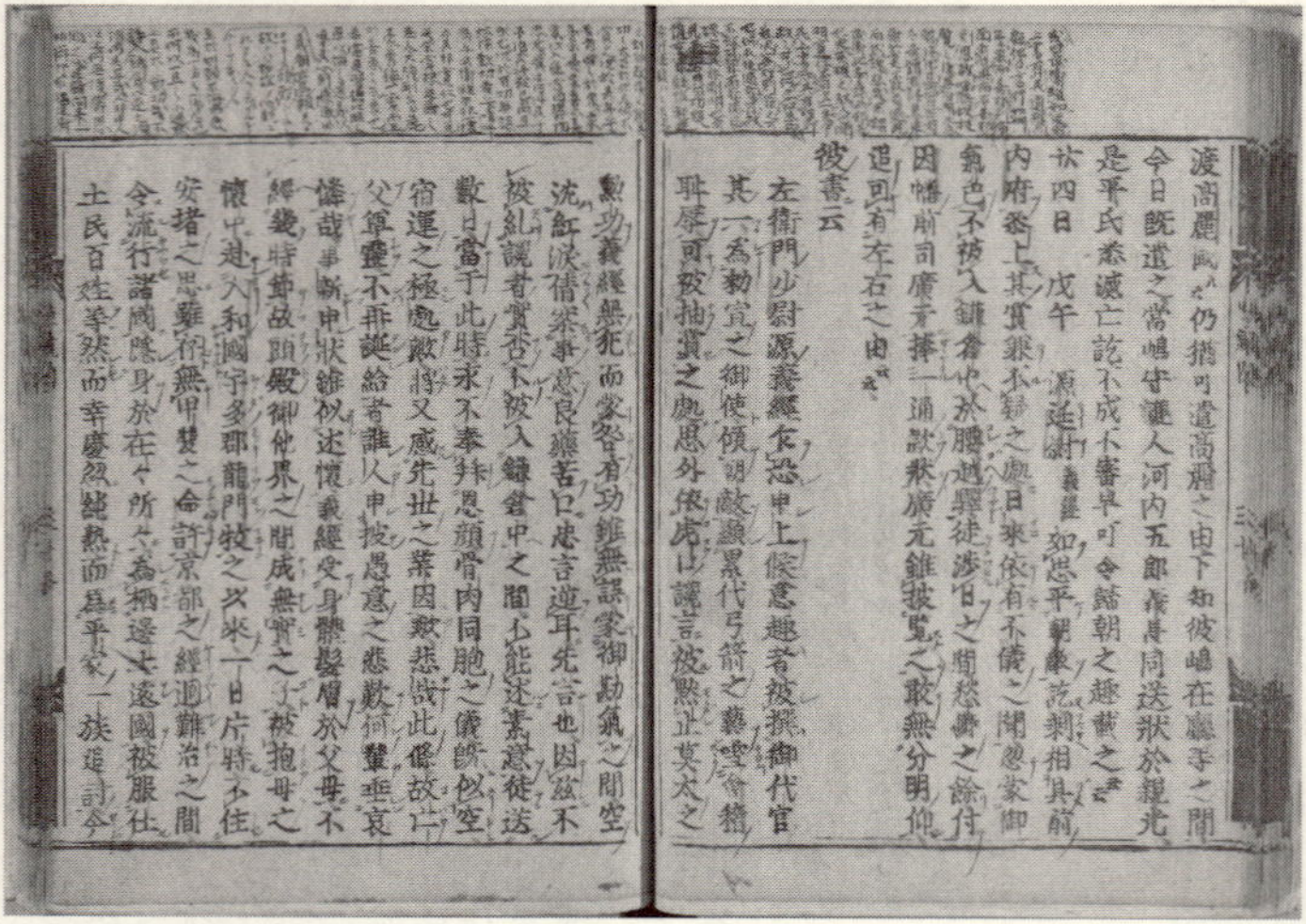
渡高麗云々仍措可遣高麗之由下知彼嶋在廳等之間今日既遣之常嶋守護人河内五郎義長同送状於親光是平氏悉滅亡訖不成不審早可令歸朝之趣載之云々
廿四日　戊午　源廷尉義經如思平朝臣等預相具凱旋内府参上其賞猶不存之處日來依有不儀之聞忽蒙御氣色不被入鎌倉中於腰越驛徒渉日之間愁欝之餘付因幡前司廣元捧一通款状廣元雖披覧之敢無分明仰追可有左右之由云々
彼書云
左衛門少尉源義經乍恐申上候意趣者被撰御代官其一為勅宣之御使傾朝敵顯累代弓箭之藝雪會稽恥辱可被抽賞之處思外依虎口讒言被默止莫太之勳功義經無犯而蒙咎有功雖無誤蒙御勘氣之間空沈紅涙倩案事意良藥苦口忠言逆耳先言也因茲不被糺讒者實否不被入鎌倉中之間不能述素意徒送數日當于此時永不奉拜恩顔骨肉同胞之儀既似空宿運之極處歟將又感先世之業因歟悲哉此條故亡父尊靈不再誕給者誰人申披愚意之悲歎何輩垂哀憐哉事新申状雖似述懐義經受身體髪膚於父母不經幾時節故頭殿御他界之間成無實之子被抱母之懐中赴大和國宇多郡龍門牧之以來一日片時不住安堵之思雖存無甲斐之命許京都之經廻難治之間令流行諸國隱身於在々所々為栖遠國被服仕土民百姓等然而幸慶忽純熟而為平家一族追討今

『吾妻鏡』(国立国会図書館蔵)

百姓に召し使われることすらありました。しかし幸いにも運がめぐってきて、平家を討ち滅ぼすことができました。こんな私をどうして嫌われるのですか——それが義経の叫びでした。

## ❖危機を招く〝呑気〟

しかし、義経は全然分かっていませんでした。

兄が怒ったのは、義経が朝廷から勝手に官位をもらったからです。頼朝が目指しているのは武士による独立政権です。

ということは、その配下の武士は、

絶対に朝廷から恩賞を受け取ってはいけません。それは現代でいえば、サラリーマンが別の会社から金をもらうようなものです。まして、軍事政権は信賞必罰の権限は唯一絶対でなければなりません。

ところが義経は朝廷から官位をもらった件については、

「当家の面目、希代の重職、何事かこれに加へんや（こんな重職に任じられたことは、われら源氏一族にとっても名誉ではないですか）」

と、実に呑気《のんき》なことを言っています。

頼朝配下の武士が次々にそういうことをすれば、政権崩壊の危機すらあるのに、義経にはそういうセンスが全然ありませんでした。

**最高の軍人である義経は、政治家としては最低でした。このアンバランスこそ、義経の悲劇の真の原因だったのです。**

頼朝は結局、義経を追い払いました。あとのことは皆さんよくご存じのとおりです。

# 第四章

## 法然上人の一枚起請文

### ――日本人仏教を生む

## ❖後発文明国における文学の発達

かつて、この国の文化、つまり思想・制度・文物といったものは、すべて海の向こうからもたらされたものでした。

それもやむを得ません。

卑弥呼の時代、日本がまだ原始文明からようやく脱出したような状態の三世紀ごろ、中国は既に三国志の時代で、あの諸葛孔明が活躍していたことは既に述べました。そして孔子が論語の教えを説いたのはそれより八〇〇年近くも昔のことなのです。

日本は文字どおり、後発の、それも超後発の「文明」国でした。中国やインドに比べれば、大人と子供の差があります。

それでも文学は比較的早く発達しました。

変な話ですが、**文学には文化の蓄積といったものはあまり必要ありません。一人の天才がいればいいのです。そして文学を語るに足る言語（国語）があれば十**

分です。

その天才とは、柿本人麻呂《かきのもとのひとまろ》であり、山部赤人《やまべのあかひと》、あるいは紀貫之《きのつらゆき》であり紫式部《むらさきしきぶ》です。

最初の文学は、どこの国でも詩です。神話というのも、小説というよりは一種の叙事詩と考えた方がいいでしょう。そして文学という点では、日本は異常なスピードで中国に追いつきました。ちょうど、建国したばかりの国が早々と「金メダル」をとったようなものです。文学において、それは可能なのです。ところが、思想（哲学）はそう簡単にはいきません。

## ❖思想創造の条件

思想というものは、それ以外の文化すべてが一定の成熟に達しないと出てこないもののようです。おそらくそれは、思想が文明のエッセンスというべきものであり、新たな文明を生み出す種子にも成り得るものだからでしょう。

それに思想は、外国から持ってくれば十分間に合うので、それを生み出すというような途方もない話は、この国には長い間無理でした。そんな「贅沢《ぜいたく》」をする余裕はなかったのです。

もう一つ、言語の問題もあります。

**思想を創造するためには、それを十分に表現できる精緻《せいち》な言語がなくてはなりません。文学がうまく表現できても、思想が表現できるとは限らないのです。**漢文（中国語）というのは、そのどちらも可能です。しかし、『源氏物語』の文章で思想を表現しろといったら多くの困難を感じるでしょう。

日本では、鎌倉時代に至って、ようやく自前の思想を創造する条件が整ってきました。

それ以前にもないことはありません。たとえば空海（弘法大師《こうぼうだいし》）です。しかし空海の思想は、庶民が近寄れない孤高の存在でした。今日でも空海を信仰している人は大勢いますが、それはその思想を理解して、というよりは、空海個人を崇《すう》拝《はい》の対象にしています。誤解を恐れずに言えば、空海は「神道的な神様」として、信仰されているのです。仏僧に対してならともかく、庶民に対して思想的影響を与えたとは言いにくいものがあります。

そういう思想人は、日本史において法然《ほうねん》を嚆矢《こうし》とします。

## ❖見事に表現された思想

その法然が、弟子の「あなたの教えについて一筆給《たま》わりたい」という要請を受けて、自らの思想をわずか三〇〇字足らずの文章で表現したのが、この「一枚起《き》請文《しょうもん》」です。

日本人は短いもの、小さいものを作る才能に長じているといいますが、これはまさにその白眉です。法然が一生かかって到達した思想が、実に見事に要約されていて、要約文にありがちな分かりにくさもありません。分かりやすさの点では、『般若心経《はんにゃしんぎょう》』などこの一枚起請文の足元にも及びません。恐らく世界レベルでも、こういう文章は滅多にないでしょう。

法然は言います。

「唐土《もろこし》・我朝《わがちょう》に、もろもろの智者達の、沙汰《さた》し申さるる観念の念にもあらず。

また学問をして念の心を悟りて申す念仏にもあらず。ただ往生極楽《おうじょうごくらく》のためには南無阿弥陀仏と申して、うたがひなく往生するぞと思ひ取りて申す外《ほか》には別の子細候《しさいそうら》はず。――」

自分の念仏（仏への信仰）はどういうことか、それを法然は言っています。仏というのは一人ではありません。釈迦《しゃか》もいれば阿弥陀もいます。法然の信仰しているのは阿弥陀如来（仏）です。なぜなら阿弥陀仏は「自分を信仰する者はすべて、極楽という苦しみのない永遠の世界へ招く」と誓願を立てているからです。

人間は輪廻《りんね》のサイクルの中にいます。いいことをすれば天界（極楽とは違って死もある）に生まれ、悪いことをすれば地獄へ落ちます。しかもこのサイクルは永遠に続くのです。さとりを開けばここから脱出できるのですが（解脱《げだつ》）、それは凡人には不可能です。だから、解脱に成功した偉大な「先輩」である阿弥陀仏にすがって、その仏の支配する輪廻とは無縁の世界（極楽浄土）に生まれ変わる（往生《おうじょう》する）ことによって救われましょう。これが阿弥陀信仰です。

法然上人絵巻（東京国立博物館蔵／Image: TNM Image Archives）

## ❖仏を信じただ念仏すべき

では、死後、極楽に往生するには、どうすればいいのでしょうか。阿弥陀仏を信ずるとは具体的にどういうことでしょう。

その方法が「念仏」です。

経典には「念仏しなさい」と書いてあります。その念仏について、中国の憎たちは文字どおり心の中で仏を念じ続けることだ、と考えました。つまり俗界との交わりを断ち、ひたすら心の中で仏を思い続けること。これが法然の言う「観念の念（仏）」です。もちろん、こんなことは普通の人にはできません。

また「念仏」ということを学問的にどうだ

こうだと理屈をこねるのが「念の心を悟りて申す念仏」です。

これは両方ともまちがっている。それが法然の主張です。

阿弥陀仏は絶対者です。わたしたちよりはるかに優れた至高の存在です。それが、わたしたちを救ってくれると誓いを立てたのです。ならばそれを信じればいいではないですか。素直に感謝して、ただ「南無阿弥陀仏」と呼びかければいいではないですか。「往生極楽（極楽往生）のためには南無阿弥陀仏と申せばうたがひなく往生する」と信じればいいのです。それ以外に何がありましょう。むしろ何か善行を積んで、そのことによって往生が確実になるという考え方はおかしいのです。それは結局「どんな救われない悪人でも救ってくれるはずの阿弥陀仏の誓い」を疑っていることにもなりかねません。


「――たとひ一代の法をよくよく学すとも、一文不知の愚鈍の身になして、尼《あま》・入道《にゆうどう》の無智のともがらに同じくして、智者のふるまひをせずして、ただ一向に念仏すべし」

法然は仏教の学者としても超一流でした。その人がたどりついた結論は、**信仰と学問は別、「一文不知」の徒でもいい、ただ仏を信じて「一向に念仏すべきだ」ということでした。**

まさにここにおいて、インドにも中国にもなかった、日本人の仏教が誕生したのです。

# 第五章

## 足利尊氏の願文
### ——大勝のあとの「頼りなさ」

## ❖「いい人」だから……

足利尊氏《あしかがたかうじ》の生きた南北朝時代は、日本史上かつてない混乱の時代でした。

この時代の主役は尊氏と後醍醐《ごだいご》天皇、それに楠木正成《くすのきまさしげ》ですが、後醍醐天皇が善玉で尊氏が悪玉という歴史の解釈は、誤りであることは、すでに常識となっています。

喜ばしいことです。

昔、雑誌に、あるおばあさんがNHK大河ドラマの『太平記』を見ていて、「尊氏っていい人だったんだね」と思わず漏らしたというエピソードが載っていました。

もちろんドラマですから誇張や美化はありますが、大体においてあれが真の尊氏の姿なのです。

おばあさんというからには、おそらく戦前の歴史教育を受けたのでしょう。戦前の歴史教育では、**尊氏はまごうことなき極悪人でした。皇国史観という歪《ゆが》んだ**

**レンズを通して見ると、白いものも黒く見え、黒いものも白く見えます。**

こういうレンズを外して、ありのままの姿を見れば、確かに尊氏は「いい人」なのです。

ところが実はこの「いい人」というところに、少なからず問題があります。というのは、尊氏は幕府の主であり、今日でいえば内閣総理大臣にあたります。その総理大臣が単に「いい人」であればいいのでしょうか？

まして、尊氏の生きた時代は乱世の中の乱世、南北に二人の天皇が存在した、未曾有《みぞう》の混乱の時代です。こんな時代の宰相《さいしょう》が、単なる「いい人」で務まるものでしょうか。

答えを先に明かすと、何とか務まったのです。

しかし、そのために払った犠牲は大きく、日本史全体から見ても尊氏以外の人間が政権を担当していた方が、よかったような気がします。「いい人」のマイナスイメージは何でしょうか。それは「優しいが頼りない人」といったところでしょう。

尊氏はまさにこのとおりの人物でした。

## ❖「正義」か「私利私欲」か

尊氏は名門の出です。源氏の宗家《そうけ》といってもいいほどの名家で、将軍になるなら尊氏しかいないというほどの家柄です。

その尊氏が、北条執権《ほうじょうしっけん》体制の下《もと》では、単なる一御家人《ごけにん》として仕えなければなりませんでした。

当時、鎌倉幕府の実質的な支配者であった北条一族は、もとはといえば源頼朝の夫人の実家にすぎず、いわば幕府の番頭のようなものでした。

ところが、この番頭は初代将軍頼朝の死後、うまく立ち回って主家を滅亡に追い込み、執権として幕府を掌握しました。そしてその体制が、一〇〇年以上も続いていたのです。

ところが、後醍醐天皇はこのような体制が「悪」であるとの思想を持っていました。

朱子学《しゅしがく》です。

**朱子学の正統論を日本に当てはめれば、この国の正当な主権者は天皇であり、幕府はその正当な主権者から政治の大権を奪った大悪人である、ということになります。**

悪は倒さねばならない、そして、その悪人に奪われた政治の大権を取り戻さねばならない。これが、後醍醐が倒幕を目指した理由でした。

もっともこう書くと、後醍醐が一途《いちず》な「正義の人」と思われてしまうかもしれませんが、それは違います。後醍醐が倒幕を志したもう一つの大きな理由に、後醍醐自身が「つなぎ」の天皇だったことがあげられます。

南北朝の原因を作ったのは幕府ではありません。それは皇室自身で、既に後醍醐の数代前から皇統は二つに分裂し、同じ皇族同士でいがみ合いが続いていました。

後醍醐はこの争いの中、やっとの思いで皇位に就いたのですが、反対派から早くやめろとせっつかれ、しかも皇太子に自分の息子を立てることもできませんでした。この現状に憤り、自分の思いどおりになる国家をつくろうと、後醍醐は考えたのです。

自分が死ぬまで天皇を続け、皇位は自分の子孫で独占する、という考え方です。とどのつまり、私利私欲なのです。

倒幕を志した理由は、どちらかというとこちらの方が大きいでしょう。「正義」よりも「私利私欲」です。むしろ、その私利私欲に大義名分をつけようとして、朱子学を持ち出したのでしょう。

## ❖悩む勝者

もっとも、いくら後醍醐が幕府憎しと歯ぎしりしても、天皇家は武力を持っていないのですから、そのままでは絶対に倒幕などできません。幕府側の「大物」御家人が後醍醐側に味方しなければ、絶対に不可能です。

尊氏が後醍醐の呼びかけに応じて、幕府に反旗をひるがえしたのは、後醍醐に忠義を尽くすためではありません。番頭である北条氏に主筋の自分が従っていることはないと思ったのと、このころの幕府は屋台骨がガタガタでまともな政治をしていなかったことが理由です。

だから尊氏は後醍醐の呼びかけに応じました。そして幕府は倒されたのです。

しかし、そのあとが問題でした。

後醍醐は自らの親政を目指し、尊氏は天皇から政治の委任を受けた将軍として幕府を開くことを目指す——二人は対立しました。そして大きな歴史の流れから見れば、尊氏の方が正しかったのです。それは矛盾に満ちた土地制度を後醍醐は改革することができなかったからです。

尊氏は勝ち、後醍醐は負けました。

しかし、尊氏は悩んでいました。

## ❖忘れかねた、恩

勝って高笑いして勝利の祝杯をあげる、そんな男ではなかったのです。

それは、この願文にあらわれています。

「この世は夢のごとくに候《そうろう》。尊氏に道心《どうしん》賜《たばせ》たまひ候て、後生《ごしょう》助けさせをはしまし候べく候。猶々《なおなお》疾《と》く遁世《とんせい》したく候。今生《こんじょう》の果報《かほう》に代《か》へて、後生助けさせたまひ候べく候――」

この願文は、建武三年（一三三六）、一旦は大敗北を喫した尊氏が、九州から都に攻め上り楠木正成らを倒して京を奪い返した後に、京の清水寺《きよみず》に奉納したものです。

敗北ではなく、大逆転をして大勝利を収めた後にしては、何という「頼りなさ」でしょう。

「この世は夢のごとく、早く出家したい。この世の幸福は望まない。その代わり後生（次の世の人生）をよくしてください――」

これが戦争に勝った最高権力者の言うことでしょうか。

このあとに続く部分で、尊氏は自分はいいから弟の直義にこの世の幸福をお与えください、とまで言っています。

尊氏はどうしてそう思ったのでしょうか。

それは尊氏が「いい人」で、一度は自分を引き立ててくれた後醍醐の恩を忘れかねたからです。

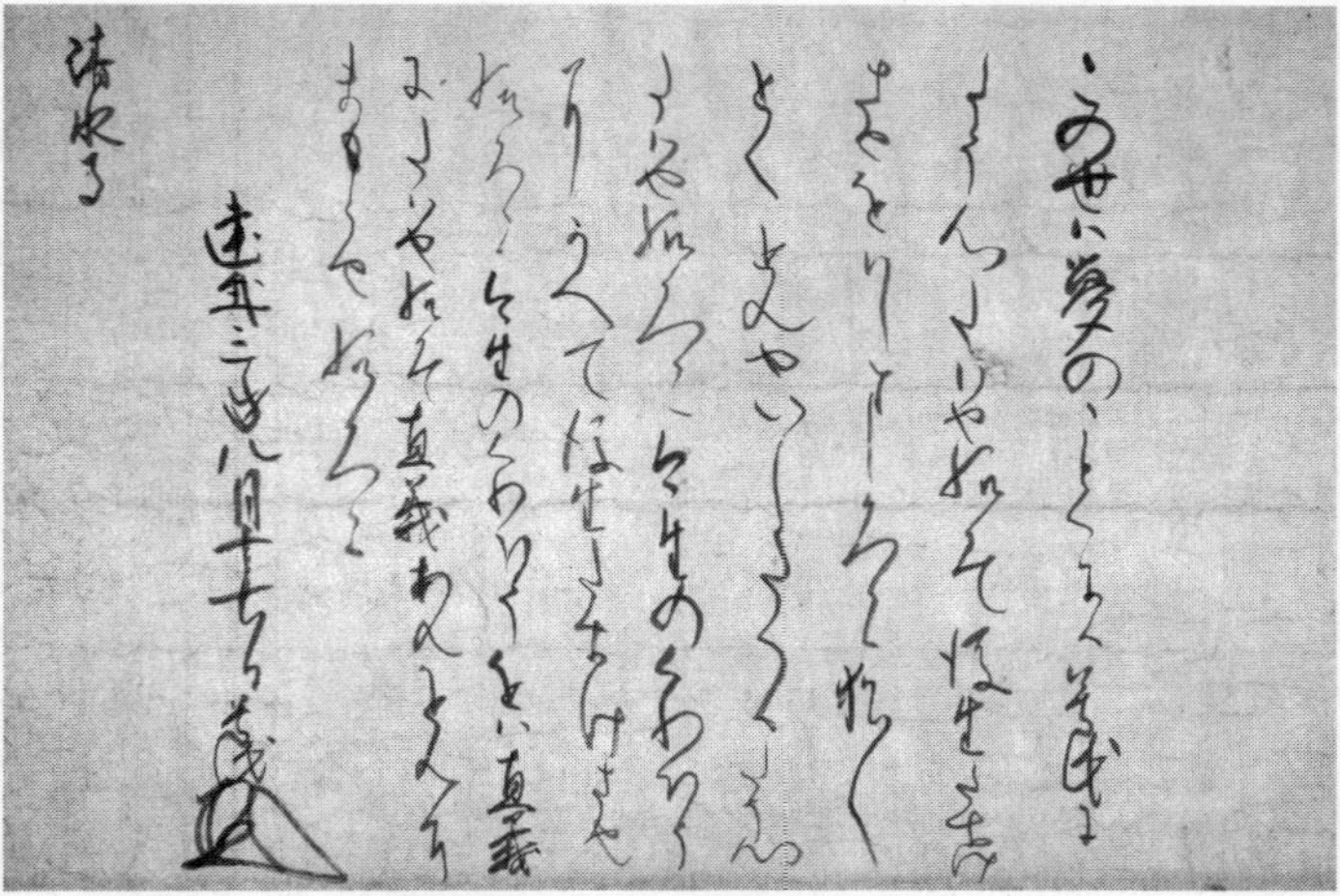

足利尊氏願文（常盤山文庫蔵）

そういう恩義を踏みにじってまで、尊氏は後醍醐を敵としなければなりませんでした。その苦悩がこの願文となったのです。

しかし、**こういう「いい人」が国の頂点に立てば、国民は幸福になるかというと、決してそうは言えません。むしろ逆なのです。**

尊氏は、政敵後醍醐の政治生命を断つことができませんでした。断つチャンスはありました。しかし、尊氏の「優しさ」がそれをためらわせたのです。

その結果、南北朝の対立は解消されず、日本は泥沼のような戦乱の時代に突入していくことになるのです。

第六章

# 織田信長の激励文

## ——女性を尊重した近代人

## ❖織田家と「内助の功」

日本で、いわゆる「内助の功」ということが口にされたのは、一体いつごろからでしょう。

夫を助けた烈婦《れつぷ》ということで、思い出すのは尼将軍北条政子ですが、どうも「内助」というにはすさまじすぎます。

夫婦は一つのパートナーです。

だから、どんな時代でも妻の助けというものは必要だったはずですが、それが歴史上クローズアップされてくるのは、戦国時代に入ってからなのです。

それも武田とか上杉とか、戦国時代でも、実は戦国時代でも、どちらかというと古いタイプの家には全く出てきません。最初にクローズアップされるのは、織田信長の時代からなのです。

山内一豊《やまのうちかずとよ》の妻、というと戦前に歴史を習った人なら誰でも知っている有名な人物です。最近でも、ＮＨＫの大河ドラマなどでこのエピソードは知っているかもしれません。

この一豊も、やはり織田家の侍です。

ある時、一豊は安土《あづち》城下で見事な馬が売られているのに気がつきました。黄金一〇枚だといいます。もちろんそんな大金は家中ひっくり返してもありません。当時の馬というのは兵器の一つであり、ステータスシンボルでもあります。それは現代の高級車以上の価値です。一豊は、しょぼくれた馬しか持っていませんでした。だから、どうしても欲しく、あきらめきれません。しかしそんな大金はどこを探しても持っていません。思いあまって、妻に相談しました。

妻の名は千代といいました。千代は鏡筐《かがみばこ》の底から黄金一〇枚を取り出しました。「これはあなたの役に立つよう、ずっと大事に持っていたものです。ぜひお使いください」

一豊は喜んで、その馬を買いました。幸運なことに、それから数年たち馬揃《ぞろ》え（軍事パレード）が催され、その馬に乗った一豊は主君信長の目にとまり、出世のきっかけを摑んだのです。

織田家では、こういう話は千代だけではありません。豊臣秀吉の妻ねね（正式には、おね（お禰《ね》）も、内助の功で知られています。『太閤記《たいこうき》』には、そういうエピソードがいくつも載せられています。

そして、こういうエピソードは、たとえば上杉家や武田家では、まったくないのです。

これはどうしてでしょうか。

## ❖妻は共同経営者

一口に言えば、信長が信玄や謙信よりも近代人だったからです。**彼は家庭内における妻の役割、というよりも人生における共同経営者としての役割を極めて重視していたのでした。**

そのことを語る格好なエピソードがあります。

ある時、安土城下で家来の家から出火して火事になりました。原因を調べてみると、その家の主人は、以前の信長の本拠地であった尾張から「単身赴任」しており、そのため家事に目が行き届かず、そのことが出火の原因だったのです。

信長は怒って、ただちに尾張の家族を呼び寄せるよう、その男に命じました。

もし、信長が「共同経営者としての妻」を重視していなければ、その男をただ罰すればいいことです。もちろん罰したことは罰したのですが、家族をすぐに呼び寄せるよう命じたのは、やはり妻というものの価値を知っていたからでしょう。

もっとも、人によっては、それは「人質」の意味もあったのではないか、というかもしれません。

それはあるかもしれません。

しかし、信長自身が、それとは別に妻の地位を重視する感覚を持っていたことは、別の面からも証明できます。

それが、このねねに出した一通の手紙です。

どうやら、秀吉はこのころ、愛妻ねねの目を盗んで浮気することが多かったようです。そこで、ねねは御機嫌うかがいに登城した（こんなことも武田家では有り得ないでしょう）時に、そのことを信長に訴えたのです。

## ❖「ほめ」と「けなし」

それに対する返事がこれです。

信長は言いました。

「そなたの美しさは、この前来た時よりもはるかによくなった。女ぶりが一〇倍も二〇倍も上がったようだ」

そう、ほめておいて、今度は浮気に走る藤吉郎（秀吉）をけなすのです。

「藤吉郎れんれん不足の旨申《むねもうす》のよし、言語道断くせ事に候か。何方《いずかた》と相訪ね候とも、それ様ほどのは、また二度《たび》かのハゲネズミ相求め難き間、これより以後は身持ちを陽快《ようかい》にし、いかにもカミさまなりに重々しく、悋気《りんき》などに立入候ては、しかるべからず候――」

「藤吉郎がそなたでは不足だと申しているようだが、まったく言語道断のけしからぬことである。どこを訪ねても、そなたほどのいい妻を、あのハゲネズミ（秀吉のこと）は求めがたいのだ。だから、これから先はどんと陽快にかまえ、いかにも立派な女房役であると重々しくふるまいなさい。嫉妬《しっと》などしてはいけませんよ」

これが、あの比叡山《ひえいざん》を焼き打ちしたのと同じ人間が書いた手紙かと思うほどですが、なかなかうまい手紙です。

ねねは秀吉の浮気を信長が叱ってくれるように頼んだのですが、まずこの頼みというものが、織田家以外では考えられません。というのは、よくご存じのとおり、秀吉には晩年になるまで子供がいませんでした。

武家にとって子供がいないというのは大変なことで、後継者がいなければ一代かぎりでその家は滅んでしまうのです。

だから、子供のいない場合、主人が多くの女性と接するのは、むしろ奨励されるべき行為でした。

というと、目くじらを立てる女性読者がいそうですが、場合によっては正妻も側室を主人に勧《すす》めたりしたのです。もし夫に子がないまま死んでしまったら、未亡人となった自分が路頭に迷うことにもなります。当時の「家」は会社のようなもので、倒産してしまえば多くの人が困ります。ですが、他の女性の産んだ子でもなんでも、とにかく後継者がいれば、自分は先代の正妻として格式を保って「会社に残る」ことができるのです。

そういう観点から見ると、むしろこのねねの頼みは、「非常識」な頼みです。他の大名家なら、「家臣の女房がくだらぬことを言うな」と一喝されて、たぶんおしまいです。

しかし、信長はそうではありませんでした。

## ❖織田の家風が残したもの

ねねの訴えはよく分かります。だが、武家の掟《おきて》からいえば、やはり聞き入れられないでしょう。しかし、だからといって怒鳴りつけたりはしません。

高台院像（高台寺蔵）

そこで、ああいう文面になったのです。

まず、ねねの女ぶりをほめ、さんざんにほめておいて、秀吉をあの「ハゲネズミめ」とさんざんにこきおろしたのです。

しかし、「おまえのようないい女房は得がたいのだから、今後は重々しく構え嫉妬などしないようにしなさい」という言葉は、よく考えてみると筋は通っていません。

そんなにいい女房なら、浮気する秀吉が悪いのです。秀吉よ、浮気を止めよと言えばよさそうなものですが、残念ながらそれはできません。

だから、こういう一種の強引な論理になったのでしょう。

しかし、ねねは何となく納得させられてしまったのではないでしょうか。

ねねにしろ、一豊夫人の千代にしろ、あるいは前田利家の夫人まつにしろ、この時代、織田家家臣の妻たちの名は、不思議なほど残されています。これは実に不思議なことで、普通、女性の名は滅多に口にしません。武田信玄の正妻である三条夫人（三条家出身）も、本名は何といったかまったく分からないのです。

ですが、織田家の夫人たちについてはよく分かっています。

これも両家の家風の違いでしょう。

**織田家には女性を尊重する近代的な家風がありました。そういう近代的な家が、やはり最後の勝者となったのです。**

# 第七章

## 本多作左の手紙
### ――天性の名文家の文章

## ❖人質として生きた幼少時の家康

「一筆啓上　火の用心　お仙《せん》泣かすな　馬肥やせ」

――これだけで終わりです。

これは徳川家康の重臣、本多作左衛門重次《さくざえもんしげつぐ》が、長篠の合戦の折に留守宅に出した手紙の全文です。

お仙というのは、子供の名前（仙千代）で、馬肥やせとは馬の肥育を怠り病気などさせないようにしろ、ということです。

**日本人が出した手紙の中でも最も簡潔にして、要を得た手紙ではないでしょうか。**

この手紙を書いた本多重次は、むしろ本多作左という通称の方で有名ですが、七歳のころから家康の祖父である松平清康、そしてその息子である広忠に仕えた、家康の老臣の一人です。

丸岡城 一筆啓上の碑

「木強漢《ぼっきょうかん》」という言葉があります。

これは今では死語になりつつある言葉ですが、一言で言えば、武骨で、一徹で、不器用な男のことを言います。

戦国時代には、この「木強漢」が日本全土に多くいました。特に家康の地元である三河武士にはそういう人々が多くいました。三河は今の愛知県の東部にあります。愛知県は、西側の尾張と東側の三河でできあがっているのですが、この二つの地方はもともと仲が悪いのです。

戦国時代はこの尾張を織田家が、三河を松平家（のちの徳川家）が治めていたわけですが、この両者はちょうど今のイスラエルとパレスチナのように、何世代にもわたって抗争を繰り広げていました。

もちろんそれは、領土拡張のためです。

ところが、家康の祖父にあたる清康とその息子である広忠は、ともに若死にし、幼い家康（幼名竹千代）が三河の国を継ぐことになってから悲劇がおこりました。

結局、三河武士団は幼い竹千代をもりたてていくために、当時東海地方で一番の大勢力であった駿河《するが》の今川義元に、その身柄を託さざるをえなかったのです。

これは簡単に言うと、三河の国が駿河の国に併合されたということです。

当然、竹千代は、それまで独立した松平家の当主であったのですが、駿河今川家の家来ということになりました。

そして彼は、幼少のころから人質として、つまり竹千代に従っている三河武士団が反乱をおこさないようにするために、駿府に人質として住まわされていたのです。

当然また、留守を守る三河武士団たちも、植民地の民のようなものでありました。その植民地に、本国である駿河から今川侍が進駐してきます。今川侍は容赦なく三河人の作物を取り上げ、三河人たちには生きるために必要な最低限のものしか与えません。

しかも、戦争が始まれば常に三河武士たちは、その今川家のために先頭に立たされ、最も戦死率の高い最前線で戦わなければなりませんでした。

これはすべて家康が幼少であり、人質にとられているからでした。

しかし、このような中で逆に家康と三河武士団の間の絆《きずな》は、かえって強くなりました。

戦国時代という時代は、ある意味で実力主義の時代であり、また下剋上《げこくじょう》の世の中でもありましたから、主君が落ちぶれればさっさと浪人をし、他の家に仕えてもよかったのです。

これは江戸時代以降、当の家康が朱子学を導入してからは、主家が滅びたときに浪人は、他のところへ簡単に行ってはいけないということになっていましたが、戦国時代は違います。

戦国時代は、簡単に言うと、侍クラスならば移籍の自由があったのです。

## ❖三河武士の忠義

ところが、家康と三河武士団の間には、このような不幸な歴史があったために、かえって結束が固まり、家康も三河武士団を子のように思い、また三河武士団も家康を親のように思いました。かなり家康の方が年下なのですが、そういう

**関係が成立したのです。**

三河武士の忠義というものは、この戦国時代には極めて珍しいものであり、家康もそれを誇りにしていました。

そして結局、数々の幸運はあったにせよ、**家康には絶対に逆らわない誠忠の武士たちがそろっていたからこそ、家康は天下人になることができたのです。**

その中でも、本多作左はそれほど大身の家来ではありませんが、三河者らしい頑固者、すなわち「木強漢」として非常に有名な男でありました。

例えば、こういうエピソードがあります。

桶狭間の合戦によって今川義元が死んだことは、家康にとって非常な幸運でした。なぜなら、それまでの今川の属国の立場から解放されて独立国家の主となることができたからです。

その家康と信長が固い同盟を結び、天下に乗り出していったのはご存じの通りですが、その時初めて独立した主として三河を掌握した家康は、その首府である岡崎を治めるにあたって、岡崎三奉行なるものを設置しました。

これは、今でいう県知事プラス警視総監。つまり民政の担当官です。その中に本多作左が選ばれたのです。その時選ばれた三人は、この本多作左の他に、高力《こうりき》清長、天野康景《やすかげ》でありました。

## ❖天性の名文家

人々はこの三人を「仏高力、鬼作左、どちへんなしの天野三兵」と称したといいます。

つまりこれは高力は仏のように優しく、作左は鬼のようにこわい、そして「どちへんなし」というのは特に偏ることがなく、非常に公平な性格だということです。言わばこのトリオの妙によって岡崎を治めようとしたのです。

そして、それは見事に成功しました。

「鬼作左」と言われるほどの作左は、民衆に対して厳しかったと思うかもしれませんが、こういう逸話もあります。

それは、初めて三奉行の仕事として岡崎の町に禁令を出したところ、その禁令があまりにも文語調で読みにくかったので、作左が出て行き、「悪いことをすると作左が怒るぞ」といったような、庶民にとって非常に分かりやすい表現に改めたという話が伝わっています。

作左は戦国武将の一人ですから、もちろん深い学問をする余裕などなかったに違いありません。しかし、非常に物事を分かりやすく表現する才能に富んでいたようです。

その才能がこの「一筆啓上」の手紙を書く時に遺憾《いかん》なく発揮されたのでしょう。**火の用心、そして子供の世話、馬の世話、これだけのことなのですが、そして誰にでも書けそうな手紙なのですが、こういうことはよほど天性の名文家でなければ書けません。**

一種の、俳句や短歌を操る才能と似ているものです。

もちろん、作左はそのような学問はなかったため歌は詠《よ》みませんでしたが、もし歌詠みの修業をしていれば、かなり立派な歌を残したのではないでしょうか。

## ❖秀吉の怒りに触れる

その作左の「木強漢」ぶりは、長篠の合戦以降にも遺憾なく発揮されました。

豊臣秀吉が後に天下を統一しますが、その時に小牧《こまき》・長久手《ながくて》の戦いでは、家康は秀吉に軍事的には勝ちました。

その勝った家康が三河にいる時に、秀吉はこれをなんとかして服従させようと自分の母親を人質に送ってきたことがあります。つまり、おまえを絶対に殺さないから大坂城に来て俺に挨拶《あいさつ》しろということです。

家康もこれには敗けて渋々と腰を上げましたが、その時この作左は鬼ぶりを発揮しました。

なんと、秀吉の生母の大政所《おおまんどころ》がいる座敷のところに薪を積み上げたのです。

つまり、関白の母親といえども約束を破って家康を殺すようなことがあれば、ただちにこの薪に火をつけてその母を焼き殺すぞという脅《おど》しです。

鬼作左の、面目躍如《めんもくやくじょ》といったところでしょう。

しかし、その秀吉が天下を取ると、作左に対する風当りは強くなりました。作左の晩年は不幸でした。彼は徳川家康が天下を取る前に死んでしまったのです。

秀吉は、自分の母を焼き殺そうとした作左を許しませんでした。家康を通じて圧力をかけてきたのです。家康も止むなく、江戸入府後に、作左を上総《かずさ》の国の片田舎に蟄居《ちっきょ》させなければなりませんでした。

そして文禄五年（一五九六）、関ヶ原の戦いがおこる四年前に、作左はさらに下総の国に移され、そこで亡くなりました。

六十八歳でした。戦国期の人間としては、かなり長生きした者といってよいでしょう。

日本で一番短い手紙を書いた作左が、むしろ教養とは縁遠い戦国武将の一人だったということを考えると、なかなか興味が尽きないものがあります。

第八章

# 直江兼続の返書

## ――日本一「痛快」な手紙

## ❖閻魔大王への手紙

日本人が書いた手紙で最も痛快な手紙と言ったら、一体どれでしょうか。一昔前は、この直江兼続《かねつぐ》の返書、通称「直江状」をあげる人が多くいました。直江山城守《やましろのかみ》兼続、大名ではありません。あの上杉謙信の養子景勝《かげかつ》の家老です。その家老が徳川家康という大権力者にあてた一通の返書、それがこの「直江状」です。

一体それはどういうものでしょうか。

そのことを語る前に、直江兼続の出したもう一つの手紙のことに触れておきましょう。

それは何と、地獄を支配する閻魔《えんま》大王あての手紙なのです。

ある時、上杉家の家中の者が家来を手討ちにしました。しかし、それは無実の罪であったので、一族の三人の者が兼続に訴えました。調べてみると確かに無実でした。兼続は金を払って補償しましたが三人は承知しません。どうしても生かして返せと言うのです。

「そうか、ならば」

と、兼続はにやりと笑い、その場で手紙を書きました。

未《いま》だ御意《ぎょい》を得《え》ず候《そうら》へども、一筆啓上せしめ候。家来なにがし、不慮の儀にて相果て申し候。親類ども嘆き候へて、呼び返してくれ候様に申し候につき、すなはち三人の者を迎へに遣《つかわ》し候。かの死人お返し下さるべく候、恐々《きょうこう》謹言《きんげん》。

慶長二年二月吉日

直江山城守兼続

閻魔大王

冥官《めいかん》御披露

「まだお会いしたことはないが、手紙をさしあげる。家来某が不慮の事故にて死んだが、その親類三人がどうしても生かして返せというので、この三人をそちらへ送る。なにとぞ死人をお返し願いたい。つつしんで申し上げる」

兼続はその手紙を渡すと、ただちに三人の首をはねてしまいました。

ずいぶんと乱暴な話ですが、これも戦国時代の気風の現れでしょう。

## ❖家康の策略

その戦国時代が終わりかけていました。

天下を統一しかけた織田信長が本能寺で不慮の死を遂げたあと、その事業を完成させたのは豊臣秀吉でした。

しかし、その秀吉は調子に乗って朝鮮に攻め込むという、日本史上最大の愚挙をやり、政権の屋台骨をゆるがしたのみならず、自らも寿命を縮め、幼い秀頼を残して世を去りました。

衆目の見るところ、次の天下人は家康です。

だが、家康を豊臣家の敵とし、打倒しなければと考えていた男がいました。言わずと知れた石田三成《みつなり》です。三成は反徳川の兵を進めようとしていました。

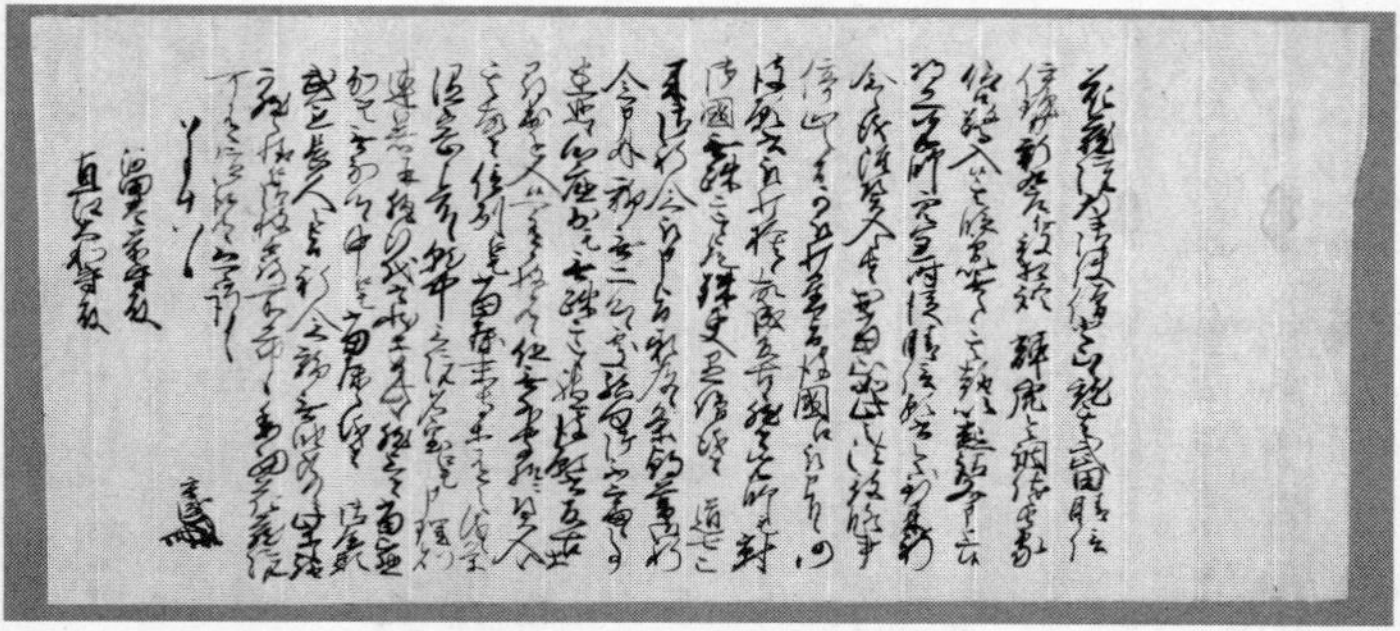

直江景明宛 直江兼続書状（米沢市上杉博物館蔵）

**一方、家康はそのことを完全に読み切っており、三成にむしろ挙兵させようとしました。三成に挙兵させて、これを叩けば、自らの権力はゆるぎないものになるからです。**

そのため家康が考えたことは、家康派の大名を残らず連れて大坂を離れれば、三成はその隙を狙って必ず挙兵するだろうということでした。

そこで家康は、当時会津一二〇万石の大老だった上杉景勝に目をつけました。

景勝が謀反《むほん》をたくらんでいる、という訴えを起こさせ、それを口実に上杉討伐の軍を起こします。その軍がゆっくりと東へ移動する間に三成は必ず打倒家康の兵を挙げるだろう——実際そのとおりになりました。

## ❖詰問への返答

家康は景勝に対して、「どうして謀反などたくらむのか?」という詰問状を送りました。ただ、それは直接景勝にあてたのではなく、西笑承兌《さいしょうしょうたい》という僧に命じて、景勝の家老である兼続にあてるという形をとりました。

当然、兼続は返書を書きます。名義上は承兌あてですが、本当の相手は家康です。

兼続は言います。

「景勝には逆心など毛頭ない。讒訴《ざんそ》した者を糾明もせずに、いきなり逆心などと言ってくるのは不公平、極まりない」

そして、家康が、景勝が武具を集め、道を作り、橋をかけていることを、謀反の証拠だと決めつけたことに対しては、

「上方の武士は茶碗など人たらしの道具を集めて喜んでいるが、田舎武士は弓矢・鉄砲など武具を集めるのが当然のことなのだ」

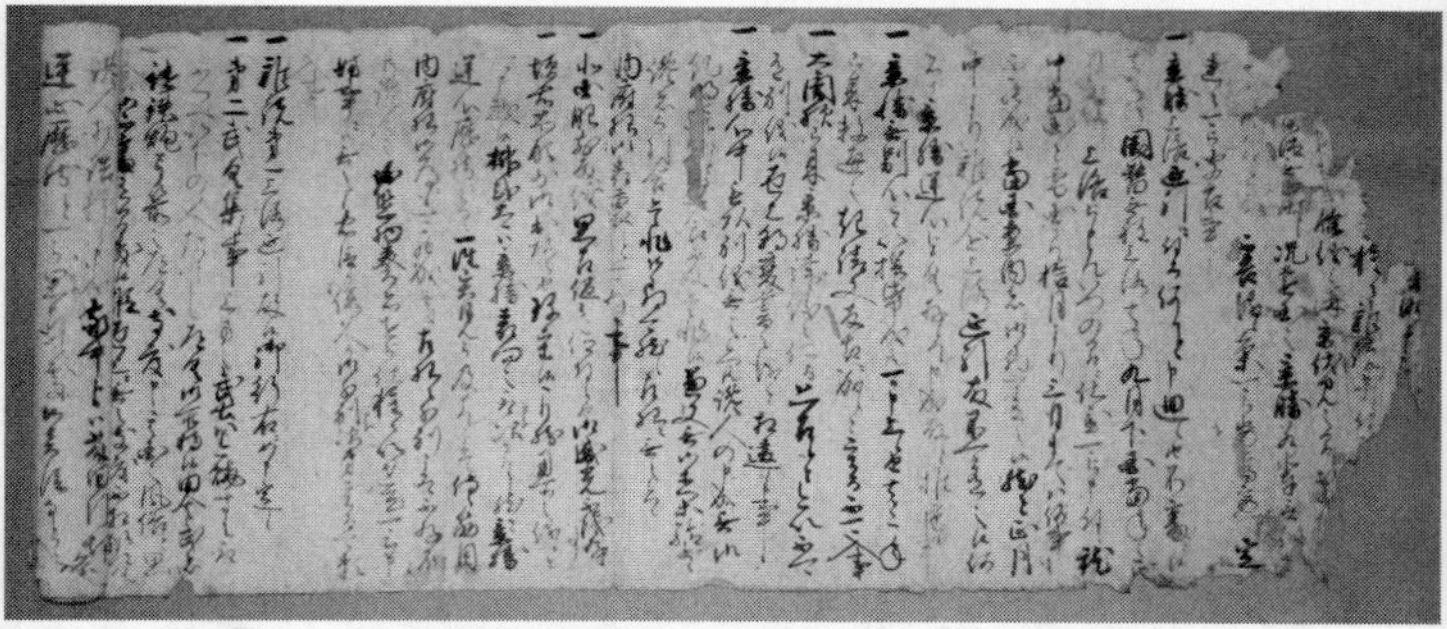

**直江状写**（新潟県立歴史博物館蔵）

と言いました。

また、

「道を作り橋をかけるのは、国造りとして当然ではないか。もし景勝に逆心があるなら、むしろ道はふさぐはずではないか」

と、嘲笑したのです。

そして、最後に、

「逆心なければ上洛せよ、などと言うのは、乳《ち》呑子《のみご》にここへ来いというほどの馬鹿なことだ。きのうまで逆心を抱いていた者でも、事がうまくいかぬと思えば素知らぬ顔で上洛するだろう。むだなことである」

と、決めつけました。

## ❖咎められなかった「無礼」

家康は激怒しました。

「わしはこれまでの一生で、こんな無礼な手紙をもらったことがない」

とばかりに怒ったのです。

**あるいは、それはふりだったのかもしれません。家康が大坂を離れれば、必ず三成が挙兵する。家康にとってはまさに渡りに船でした。**

家康はただちに兵を集め、会津討伐に出発しました。

もちろんそれは名目で、会津を討つのが目的ではありません。狙いは三成です。

**滑稽なことに、この時の家康の立場は「豊臣家大老」であり、「秀頼の家臣」でもありました。その権力を利用して集めた兵で、豊臣家の権力をもぎ取ろうというのです。**

いや、既にもぎ取られていました。

それにしても大坂城の秀頼は無能でした。

真に恐るべきは家康です。豊臣家百年の計のためには、絶対に家康を討っておく必要があります。

そのためには秀頼自身が関ヶ原の戦闘に参加しなければなりません。

何も戦う必要はないのです。行くだけでいいのです。行って三成に味方すると公式に宣言すればよく、他には何もいりません。

そうすれば、「豊臣家大老」としての家康に味方した福島正則も加藤清正も、全部秀頼の方へ戻ってきます。

だが、秀頼はそれをしませんでした。もともと、そんなことを見極めるだけの能力は秀頼にはなかったのでしょう。お付きの家来も、ろくなのがいませんでした。

結局、この戦いは三成の謀反という形になり、家康の反対派は一掃されました。上杉景勝も三成との共同謀反を疑われて、減封されたのです。

しかし、あれほど「無礼な」手紙を書いた兼続は一切咎《とが》められませんでした。むしろ家康の方に「言いがかり」という非があった事件ですし、それより何より返書の堂々とした内容が、家康を感嘆させたのです。

兼続は江戸初期まで、新たに転封された米沢藩の家老として活動を続けました。

春雁《しゅんがん》、吾《われ》に似たり、
吾、雁に似たり。
洛陽城裏《らくようじょうり》、花に背《そむ》いて帰る。

この名句も兼続の作です。

# 第九章

## お春の「じゃがたら文」
### ——異国から恋しい日本へ

## ❖徳川家の「鎖国」とは

日本は江戸時代二〇〇年あまり「鎖国」をしていました。

私の子供のころは、鎖国はいけないことだとさんざん批判されていました。鎖国は徳川幕府が自らの支配体制を固めるために行った私利私欲の政策であり、日本の発展にとっていいところは一つもなかった、というのがその骨子でした。

今はだいぶその評価も変わりました。

まず、鎖国の持つ効用が指摘されるようになりました。国を鎖《と》ざし体制を固めたおかげで二〇〇年以上も平和が保たれ、文化・教養が蓄積され、多数のエリートが育成された、ということです。

そして、近年は「鎖国」という言葉も正確ではないのではないか、という議論も行われています。

**つまり、鎖国とは「外国と完全に交流を断つ」という意味ですが、徳川幕府は**

長崎旧出島神学校

**アジアの代表として中国と朝鮮、西洋の代表としてオランダと、ちゃんと交流しており、長崎には「出島」という「大使館」もありました。**

**いわば真の「鎖国」ではなく、徳川家による外交の独占である、という評価です。**

確かにこれは正しいです。

本当の意味で日本が「鎖国」をしていたのは、むしろ平安時代後期に遣唐使を廃止してからでしょう。この時代は、歴史の教科書にもあるとおり「国風文化」の時代です。**外国と交流を絶てば、国内の文化が熟成するというのは、平安でも江戸でも変わりません。**

## ❖外国文明を「悪」とする

鎖国というのはヘンな政策だと思われています。日本はヘンな国だからヘンな政策をとったのだと思えば、確かに分かりやすいでしょう。

しかし、「鎖国」（あるいは外国との限定的交流）は決して珍しい考え方ではありません。少なくともその底流になる考え方はそうです。

唐突ですが、「刑事ジョン・ブック　目撃者」（ハリソン・フォード主演）という映画を覚えておられるでしょうか。あの中にヒロインが所属する「アーミッシュ」という宗教団体が登場しました。現代アメリカ文明の真っただ中にありながら、文明の利器を拒否し、ランプと馬車の開拓時代の生活様式で生きる——この宗派はフィクションでなく実在します。

どうして、彼らは頑《かたく》なまでにそんな生活に固執するのでしょうか。

それにはキリスト教（プロテスタント）の信仰による信念があります。詳しくは省略しますが、彼らにとって現代文明を拒否することが信仰の一部なのです。彼らには現代文明を取り入れることは悪であるという信念があります。

実は、江戸時代の日本人もこれと同じです。**彼らには、「外国文明は悪」であるという信念がありました。その代表的なものが、皮肉なことにキリスト教です。少なくとも幕府当局は、キリスト教が入ってきたばかりに、日本の秩序は乱れたと認識していました。**

この認識は、あながち誤解ではありません。

## ❖異国と闘う二つの方法

当時、日本にやって来たキリスト教の宣教師は、カトリックでスペイン人やポルトガル人が多くいました。彼らはほぼ同時期に、南米侵略のお先棒をかつぎ、マヤやインカといった大帝国を滅ぼしてスペインやポルトガルの植民地にしたという実績があります。

彼らにしてみれば、日本人全員がカトリックに改宗し、その結果ヨーロッパの王が日本を治めることになっても、それを決して否定することはなかったでしょう。

いや、むしろ積極的に賛成したでしょう。彼ら宣教師にとっては、異教徒の王よりもキリスト教徒の王がいいに決まっているからです。

**いわば日本に来た宣教師は「侵略の先兵」でもあったのです。**だから、日本をよく知るヨーロッパの学者の中には、日本のキリスト教禁教令は当然のことだったと評価する人もいるのです。

あの当時、そういう勢力と対決するには、二つの方法がありました。

一つは積極的に軍備を拡大し、特に海軍を充実して太平洋に進出し、ルソン（フィリピン）やシャム（タイ）を勢力下に収める、つまり武力対決です。

もう一つは、そういう野望を一切捨てて、日本だけの平和を求め、国内の軍縮を行い、戦争原因を取り除くこと。そして外国との交際を幕府が独占することです。

つまり「鎖国」です。**見逃してはならないのは、当時これが技術的に可能だったということです。当時は、核兵器どころか黒船すらありません。無理矢理に**

**「開国」させようと思ってもできないのです。「外国船打ち払い」は十分に可能だったのです。**

この「一国平和主義」の夢を幕府はずっと忘れられませんでした。そして二〇〇年後、日本がまったく技術革新に取り残されているにもかかわらず、また「外国船打ち払い」を命じ、結局ペリーにそれを破られたのです。

## ❖追放された混血児

この「大東亜共栄圏」的構想から、「一国平和主義」への転換は、やはり急激でした。

確かに「このまま行くと、いずれ日本は国を鎖ざす」ということは、当時の人々にも予測できたでしょう。しかし、それはやはり一部の人々だけで、大半はまさかと思っていたに違いありません。

その、まさかと思っていた人々の中に、この、お春もいました。

**〝鎖国令〟は海外在住の日本人の帰国を禁じると同時に、日本人と外国人の混血**

児を海外へ追放するという過酷なものでした。

お春はイタリア人との混血児です。この国は昔から混血児に冷たいですが、この時もそうでした。

お春が帰国の念やみがたく、異国の地から日本へ送ってよこしたのが、この手紙です。

かくうらめしき遠き夷《えびす》の島に流されつつ、昨日けふと思ひながら、早や三《み》年《とせ》の春も過ぎ、けふは卯月《うづき》の朔日《ついたち》、まだ東雲《しののめ》に、あすは出船と人の聞きつるに、せめて筆の跡してもと存じ、涙ながら硯《すずり》に向ひ、（中略）おもひ出る事《こと》共《ども》書き続くるに、此文《このふみ》うらやましくも、故郷に帰ると思へば。（中略）

いつのとき日にか日本を出まゐらせ候《そうろ》ふや。いまはさだかにもわきまへ難《がた》く。こなたのとし月にはなぞらへ難く。ただ夜昼《よるひる》となく故郷のこと、つかのまも忘れやらず。

手紙がうらやましいのです。

この手紙は日本へ帰ることができる。しかし、私はできない。
お春の手紙はさらに続きます。

あら日本恋しやゆかしやなつかしや見たや見たや。この手が柏のたね、杉のたね、ほうき草《ぐさ》のたね、御音信《いんしん》頼みまゐらせ候ふ。かへすがへす涙にくれて書きまゐらせ候へば、しどろもどろにて、読めかね申すべくまま。はやはや夏の虫頼み入候。我身こと今までは異国の衣裳一日も致し申さず候。異国に流され候とも。何しに荒夷《あらえびす》とは、なれ申べしや。あら、日本恋しや、見たや、見たや――。

せめて植物の種が欲しいといい、一日も日本の着物を着ない日はないといいます。
**日本人は結局、日本人であることをやめられない民族なのかもしれません。**
お春は「じゃがたらお春」という名で知られています。

# 第十章

## 鍋島直茂の「お恨み状」

## ――「しらじらしい」弁明の書

## ❖平和のための「統治の哲学」

戦国時代は実力主義の時代であるとともに、下剋上の時代でありました。

昔は、徳川家康は不信義漢と罵《ののし》られました。

それは家康が、秀吉との約束を破って、天下を奪い秀吉の子を殺したからです。

しかし、公平に見れば、秀吉に「味方して」家康のことを非難するのはおかしいのです。秀吉だって信長の死後、天下を奪い、その子（三男信孝）を殺しているのです。

いわゆる『太閤記』は秀吉の成功物語《サクセスストーリー》であり、美化された神話ですから、こういう影の部分はカットしてあります。だから家康はちょっと気の毒だと思います。秀吉も家康も本当は「同じ穴のムジナ」なのです。

いや、秀吉、家康ばかりでなく、信長も足利将軍家を追放しているのですから、人のことは言えません。

そういう時代だったと言うしかないのです。

だから、あえて言えば秀吉と明智光秀も同罪です。いや、「罪」という言い方は、最後の勝者であった家康が、儒学、特に朱子学を日本に導入してからの考え方で、当時の人々は「強いヤツが勝つのは当たり前だ」と思っていたに違いありません。

だからこそ家康は朱子学を導入したのです。「正統なる主人には絶対の忠義を尽くさねばならない」というのが、朱子学の根本教理です。

戦国レースの最後の勝者は、レースに勝った途端に、「これから自由競争はできない」とルールの変更をしたのでした。随分と勝手な話ですが、家康にしてみれば、これ以上乱世の原因を残してはならない、と考えたのでしょう。

**自由競争でいいとなれば、家康の子供が頼りなければ、その子供から天下人の地位を奪っていい、ということになります。そして、仮にそうなったとすると、今度はその「奪った男」が狙われることになり、戦乱はいつまでも続くのです。**

だから、家康が朱子学という「統治の哲学」を採用したのは、やむを得ないことでもあったのです。

徳川家を絶対の正義とし、それに対する反逆を絶対の悪としました。そうでもしなければ、平和は確立できません。そのため徳川幕府は、朱子学の普及には熱心でした。

ところで幕府と並んで全国でも抜きん出て、朱子学の普及に熱心だった藩があります。

それが、本論の主人公・鍋島直茂の佐賀藩でした。

## ❖偏狭な絶対主義

鍋島といえば、あの『葉隠《はがくれ》』を思い出します。これは朱子学以上に、主家への絶対的忠誠を説く教えです。

なにしろ「釈迦も孔子も楠木正成も武田信玄も、かつて鍋島家に奉公した人ではないから、尊敬するに足りぬ」と、『葉隠』の冒頭に明記してあるくらいです。『葉隠』の中心思想は、儒教の中でも特に偏狭とされる朱子学よりも、さらに偏狭な鍋島絶対主義なのです。

葉隠（公益財団法人鍋島報效会蔵／佐賀県立図書館寄託）

では、どうして、この偏狭な絶対主義が生まれたのでしょうか。

それは家康の例を考えてみると分かります。

家康はどうして徳川家絶対主義を標榜《ひょうぼう》したのでしょうか、それは国内の平和のためです。**徳川家をあくまで正統な統治者とし、その正統なる統治者への反逆を「悪」と規定したのです。しかし、どうして徳川家が、「正統な統治者」なのか、といえば、その根拠は全くありません。**

**それは、徳川家康が勝手に決めたのです。**

佐賀藩も事情は同じです。

鍋島直茂は、実は家康と同じ「乗っ取り屋」でした。

## ❖竜造寺家を乗っ取る

鍋島家の主家として、竜造寺《りゅうぞうじ》家という大名家がありました。そしてそこには、竜造寺隆信という北九州の覇者がいました。

一時は、この竜造寺と薩摩の島津で、九州を二分するぐらいの勢いがあったのですが、その隆信が島津との戦いで、作戦に失敗し命を落としました。

その日から竜造寺家の没落は始まりました。

その没落を食い止めた功労者が竜造寺の家老鍋島直茂だったのです。

確かに、竜造寺家は直茂の働きによって豊臣から徳川まで、その命脈を保ちました。このままいけば、直茂は単なる「名家老」としてしか、歴史に名を残さなかったかもしれません。

しかし、直茂は家老の地位に満足しませんでした。

秀吉・家康に取り入り、ワイロを贈り、主人であった隆信の遺子・政家と、その子の高房を圧迫し続けました。

鍋島直茂（公益財団法人鍋島報效会蔵）

江戸時代に入って、竜造寺は鍋島家の客分のような形になっていました。これは直茂の約束違反でした。直茂は政家に対し、高房が成人した暁には政権を返すと誓書を出していたのです。

しかし、直茂は一向に返そうとしません。

怒った高房は抗議のために江戸の藩邸で腹を切りました。一命はとりとめましたが、この事態に驚いた直茂は、国元の政家に対し、「自分はこんなに竜造寺家のために尽くしているのに、なぜ高房様がこんなことをするのか、分からない――」と、弁明の手紙を出しました。

これが世に言う「お恨み状」です。

## ❖忠臣面をよそおう

直茂は言います。

「隆信様御戦死以来、竜造寺家が保たれてきたのは、私の働きによるものではありませんか。秀吉の時も、家康の時も、この直茂が必死に口添えし働いたからこそ、竜造寺の家は保たれたのです」

直茂はいかにも忠臣面して、次々に言いつのります。

そして最後に、「藤八郎殿（高房）は一体誰に当てつけたのでしょう（誰人に御あてなされ候や）。（藤八郎殿が）御帰国の節は、直におたずねになってください。そうすれば、われら親子（直茂・勝茂）に何の科《とが》もないことがお分かりになると思います。藤八郎様が一命を取りとめられて、帰国されることは、われら親子にとっても天の助けです。ぜひともお話し合いください」と、書きました。

しかし、この「御帰国」はありませんでした。

高房はそれから二か月もしないうちに江戸で急死したからです。

そして、その父政家も、一か月後に佐賀で亡くなりました。

死因ははっきりしていません。

推理をするなら簡単です。二人とも「消された」のでしょう。

これにて一件落着。鍋島家は万々歳でした。直茂の乗っ取りは完成したのです。

そして、それ以降、徐々に鍋島家は主家に対する絶対の忠誠を家臣に強要する藩になっていきます。

歴史の面白さは、**この圧倒的な教育の中から、これに反発し、徹底的に自由を求める人間が出たことです。**

その男は、後に「学問の自由」を校是とする大学を作りました。元佐賀藩士大隈重信《おおくましげのぶ》です。

鍋島の武士道を神聖なものだと思っている人は、いまどきいないと思いますが、もしそうなら、この「お恨み状」を読むことをお勧めします。日本で一番「しらじらしい」手紙ではないでしょうか。

# 第十一章

## 上杉鷹山の「伝国の辞」
## ――格調高い藩主機関説

## ❖儒学の欠点

これまで、さんざん儒教の悪口を書いてきました。前章、鍋島直茂のときも、さかのぼって後醍醐天皇のときも、それを書きました。

悪口というと語弊がありますが、やはり批判と言うべきでしょう。

**儒教の根本的欠点は、その保守主義にあります。儒教ほど新しいものを嫌う宗教はありません。**あの孔子も「述べて作らず、信じて古《いにしえ》を好む」と言っています。新しい創造は「悪」なのです。

どうしてそうなるのでしょうか。それは意外に簡単で、その中心道徳が「孝」だからです。

**孝とは親（先祖）に対する忠義です。ですから親のやり方を忠実に継承していくことが、孝になります。たとえば、西洋文明の方が優れているからといって、取り入れるなどということは、とんでもないことになるのです。**

それともう一つ、身分制度があります。いわゆる士農工商です。たとえば現代のビジネスマンは、儒教の教え方でいうと、最も身分の賤《いや》しい人間になります。当然、政治には参加できませんし、為政者の方もさせないでしょう。ひと昔前も、バカな評論家が「商社は諸悪の根源」などと言っていましたが、これは江戸時代以来の儒教的偏見に基づくものなのです。滑稽なことに、そう言っている本人は、それを自覚していません。

この儒教の後進性については、いずれ話題にしたいと思いますが、その儒教が全盛だった江戸時代中期以降に「儒教的名君」のトップに挙げられるのが、この上杉鷹山《ようざん》です。

## ❖節約と労働で財政再建

この鷹山、実に立派な人です。

上杉家の出身ではありません。日向《ひゅうが》（宮崎県）高鍋藩主の二男に生まれ、望まれて上杉家の婿養子となったのです。

上杉家は名門です。謙信が越後（新潟県）を根城に領国を広げた後、直江兼続の返書でも取り上げましたが、景勝・家老直江兼続の時に関ヶ原の戦いが起こり、西軍に味方したとみなされた上杉家は領国を減らされ、米沢（山形県）に転封となりました。

その時、一二〇万石から三〇万石に減らされました。そして、後に養子問題で幕府の法に触れ、一五万石にさせられてしまいました。

ところが家来は、ほとんど減らさず、諸費用もすべて一二〇万石当時のままで、藩を経営したのです。

つまり資本金（あるいは売上高）が一〇分の一近くとなったのに、人員を減らさず、交際費などの経費も旧来のまま、という会社と同じです。

これでは、どう考えても倒産です。

しかし、江戸時代の大名は倒産はできません。藩は営利企業ではないからです。

当然、かつての某国営鉄道のように「金食い虫」となり、領民に対する重税や商人からの借金によって、何とか火の車の財政を保っていくことになります。

こういう藩は一言で言えば生き地獄です。

企業はいいのです。「破産」することができますから。しかし、藩には「会社更生法」もなければ「身売り」もありません。ひたすら独立採算（？）の道を行くしかないのです。

給料はどんどん下がり、税は逆に上がります。暮らしは少しも豊かになりません。しかも、どうしたらいいのか、さっぱり分からないという有り様です。

上杉鷹山は、こんな状態の米沢藩の当主となり、一代で財政を建て直したのです。しかし、織田信長や田沼意次《おきつぐ》のように、あるいはもっと時代が下って幕末の薩摩や長州のように、重商政策をとったのではありません。

鷹山のやり方は、あくまで節約・倹約を旨とし、皆で働こう、というものでした。

儒教的名君と言われるゆえんです。

## ❖儒教を超えた日本的名君

しかしこれは、実は本当の儒教ではありません。

**儒教のもう一つの欠点は労働蔑視にあります。士というものは学問をし、政治をしていればいいのであって、農工商のように額に汗して働いてはならないのです。**

いまでもホワイトカラーとブルーカラーという言い方がありますが、儒教の場合、これがもっとひどくて、労働者を軽蔑するのです。

ですが鷹山は違いました。

彼はそれまで無為徒食の高級武士たちから足軽に至るまで、男も女も老人も額に汗して働こう、と呼びかけたのです。

そして、自ら率先して肥桶《こえおけ》を運んだり、土木作業を手伝ったりしました。

藩士は感服して、鷹山の言うとおりにしたかというと、決してそうではありません。**特に家老クラスの高級武士は激しく反発しました。武士が労働をさせられるとは何事だとか、費用倹約は上杉家の格式を落とすとか、およそ愚にもつかない理由です。しかし、彼らは本気でした。**

実はそれが儒教なのです。

彼らの反対意見を一言でくくれば「父祖《ふそ》の道を改めるな」ということであり、

上杉鷹山像（米沢市上杉博物館蔵）

これが彼らにとっての忠であり孝なのです。

ですから上杉鷹山を儒教的名君と評するのは間違っています。確かに鷹山は儒教を学んでいます。ブレーンの中にも儒者がいます。しかし、殿様自ら腕まくりして働くなどということは、本当の儒教では絶対にしてはいけないことなのです。

むしろ、鷹山は儒教を換骨奪胎《かんこつだったい》して自分のものにした、日本的名君と考えるべきでしょう。

## ❖優れた為政者哲学

その鷹山は藩制改革を成功させ、晩年、息子の治広《はるひろ》に家督を譲るにあたって、藩主の心得を三か条に表しました。

それがこの「伝国《でんこく》の辞」です。
一、国家は先祖より子孫に伝へ候《そうろう》国家にして、我、私《わたくし》すべきものには之無《これな》

く候

一、人民は、国家に属したる人民にして、我、私すべきものには之無く候

一、国家人民のために立《た》てたる君《きみ》にて、君のために立てたる国家、人民には之無く候

治憲《はるのり》　　治広殿

治憲というのは鷹山の本名（鷹山は号）です。

これは封建領主の言葉とは思えません。一種の藩主機関説です。

**国家人民のための大名であって、大名のために国家人民があるのではない――**

なんという格調高い思想でしょう。

**これは民主主義成立以前、為政者の哲学としては最も高い所に達したものだと**

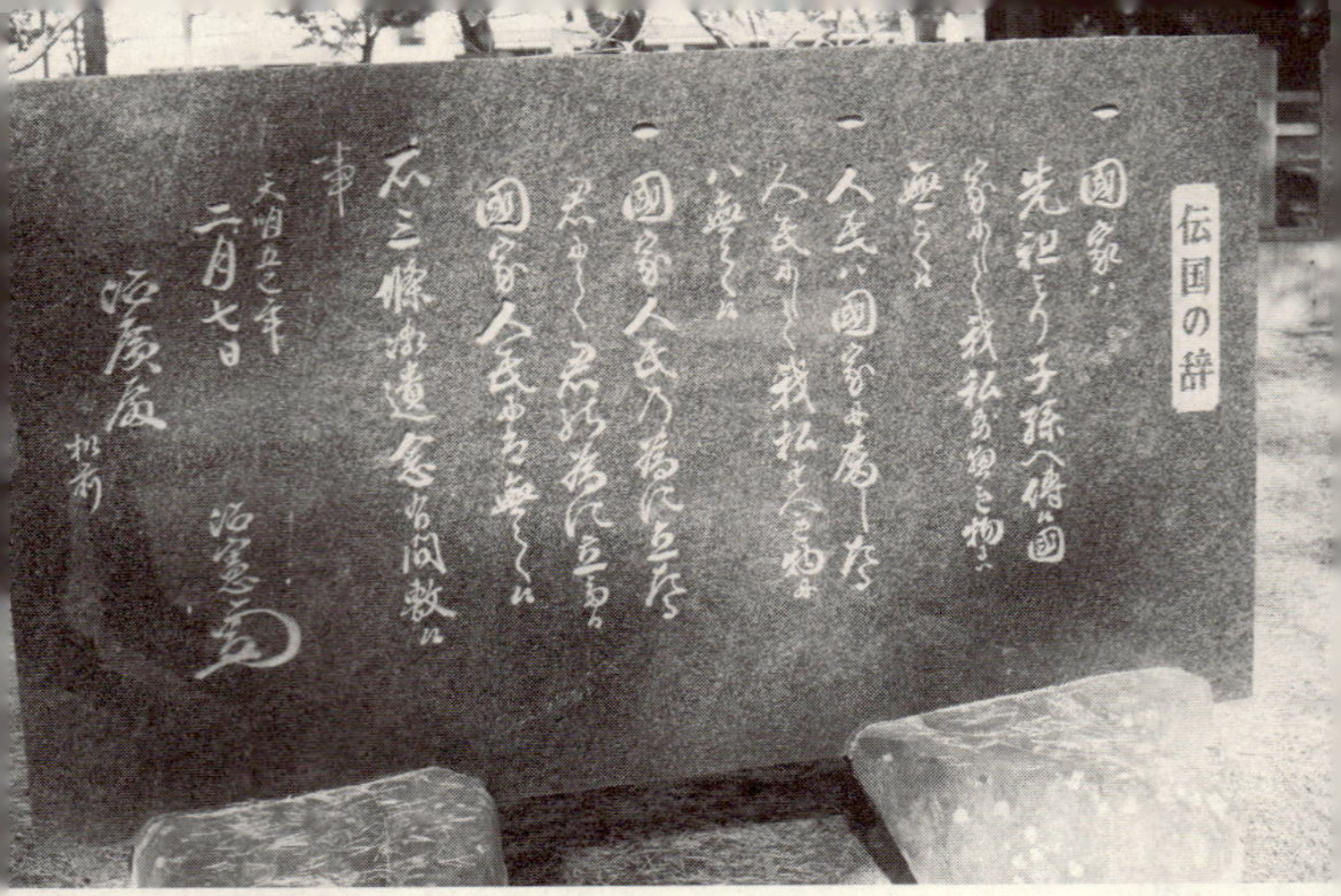

伝国の辞（松岬神社）

**評価していいのではないでしょうか。**

そういえば鷹山には次のような名言もあります。

なせば成る
なさねば成らぬ何事も
成らぬは人の
なさぬなりけり

どんなことも、為《な》せばできる（成る）、最初から為さなければできるはずがない。だから、できないということは本当は「為さない」ということなのだ。

映画「ＪＦＫ」でも話題となったアメリカのＪ・Ｆ・ケネディ大統領がかつ

て、日本人記者団に「あなたが日本で最も尊敬する政治家は誰ですか?」と聞かれた時に、ケネディは即座に「それはウエスギヨウザンです」と答えたといいます。

ただし、その時、日本人記者は誰一人として、その名を知りませんでした。

# 第十二章

## 勝海舟の「嘆願書」
## ——国、人民のための権謀術数

## ❖統治哲学が滅亡原因

鍋島直茂、上杉鷹山と、「儒教」にかかわった人々を取り上げてきました。

今回の勝海舟も、実はそうなのです。

意外に思うかもしれませんが、好き嫌いはともかくとして、**日本史、特に江戸時代以降の日本史は、儒教の流れを無視しては語れません。**

「鍋島編」で述べたように、戦国レース最後の勝者、徳川家康は、統治の哲学として儒学（朱子学）を導入しました。そのココロは「お上《かみ》に逆らってはならない」「反逆は人の道に反する」ということを、徹底的に叩き込むということです。

ところが、実に皮肉なことに、これが徳川幕府を滅亡に導く原因となったのですから、歴史というものは面白いものです。

なぜでしょうか。それは「お上」つまり「忠義を尽くす対象」は何か、という問題が起こったからです。

家康が朱子学を導入したのは、あくまで幕府というものを絶対の善とし、忠誠の対象にするためでした。しかし、幕府という組織、将軍という地位自体は、形式的に見れば京都の天皇から認めてもらっているものです。だから、朱子学が知識人の必修課目とされるに従って、一つの信念が生まれました。

**それは、日本の正統な統治者は天皇家なのですから、幕府が天皇家をないがしろにして日本を統治しているのは不正義だ、という考え方です。これが「勤王《きんのう》」思想です。**

そして黒船が到来し、幕藩体制の日本が新たな国家へ生まれ変わらなければならないと先覚者たちが思った時、「いっそのこと天皇家が実際の統治者となり日本を治めた方が、うまくいくのではないか」という運動が起こりました。これが「尊王《そんのう》の倒幕」運動です。

もちろん、日本を近代国家にするのに、天皇家を中心としなければならないというのは、一つの考え方であって、他にも選択肢はあります。たとえば、君主のいない国、共和制です。

しかし、それは有力な流れにはなりませんでした。司馬遼太郎氏が、幕末の日本にもう少し早くルソーの『社会契約論（民主主義思想）』が伝わっていたら、明治国家の様相もかなり違っていたのではないか、と言っていましたが、**実際問題として日本を改革するために、どういうイデオロギーがあるかといえば、この時代は朱子学しかなかったのです。「幕府は正統な主権者（統治者）ではないのだから、天皇家に政権を返せ、それが正しい道だ」という形でしか、倒幕を正当化することはできなかったのです。**

もちろん、一流の人々は「本当は日本を近代国家にするのが第一目的であり、天皇家が政権を握るというのは、その目的を達成するための方便にすぎない」と考えていました。たとえば、木戸孝允《きどたかよし》（桂小五郎）は、共和制を真剣に考えていた時期があります。しかしそれは、再び言いますが、大きな流れにはなりませんでした。

## ❖大政奉還は宗教的革命

『社会契約論』が日本に入ってきたのは、明治以降です。幕末の大多数の人間は、やはり朱子学の考え方に沿って、日本の改革を考えていました。そういう人々は、「日本が内政・外交ともにうまくいかないのは、正統な主権者の天皇家をないがしろにして、幕府が政治を行っているからだ」と思ったかもしれません。言うまでもなくこれは、宗教的な信念です。別な言い方をすれば、単なる「思い込み」であって、政治学的、社会学的根拠はありません。

しかし、「宗教」というものは、時に大きく人を動かします。「大政奉還」は、それで実現したのです。幕府の支配は、幕府（徳川家）が天皇家に大政（日本の統治権）を奉還（お返し）することで終わりました。

しかし、**考えてみるとこんな奇妙な革命はありません。ヨーロッパでもアジアでも、現実の権力者が前時代の権力者の細々と続いていた子孫に、政権を返したなどということは起こっていません。**

どうしてそれが可能だったのかと言えば、朱子学に基づく一種の宗教的革命だったからです。

では、戦争をせずに（実際には少しありましたが）、平和裡《り》に幕府が朝廷に政権を返すという、この壮大なプランを発案したのは誰なのでしょうか？

実行したのは坂本龍馬です。これは間違いありません。問題は誰がそういうプランを立案し、龍馬に実行させたかです。

私は、それは龍馬の師であった勝海舟だと思います。そして、そう思うのは私ばかりではありません。龍馬も偉大な人物ですが、彼にアイデアを出す力は乏《とぼ》しかったでしょう。ただ、**人からヒントを与えられると、それを膨らませ実現させてしまうすばらしい才能がありました。それが龍馬の最大の長所なのです。**勝が龍馬にヒントを授けたという証拠はありませんが、もう一つ勝がやった偉大な功績から見て、このことは間違いありません。

それは、江戸城無血開城です。

大政奉還と江戸城無血開城は、一対の出来事です。抵抗せずに政権も返す、城も明け渡す、ということだからです。

しかし、ここへ至る道は、容易ではありませんでした。

### ❖「役者」勝海舟

大政奉還を受けて意気上がる官軍は、数万の大軍をもって江戸に迫りました。

勝海舟（国立国会図書館）

最後の将軍、徳川慶喜《よしのぶ》を備前藩に「お預け」とせよ、など幕臣たちが到底受け入れることのできない条件をつきつけたのです。

ここに「役者」勝海舟が登場しました。

役者というのは、彼は決して「誠意」だけの人ではないからです。権謀術数もできる、煮ても焼いても食えないような男です。しかし、その権謀術数は私利私欲のためのものではありません。あくまで国家のため、人民のために使うのです。

その性格がもっともよく出ているのが、江戸城開城の時、官軍にあてた手紙です。

「無偏無党《むへんむとう》、王道堂々矣《おうどうどうどうかな》——」

手紙はこの書き出しで始まります。

官軍が江戸城に迫っている、この行為は実に堂々として王道（王者の道）に沿ったものである——まず、そう褒めておきます。

「官軍、鄙府《ひふ》に逼《せま》るといへども、君臣謹んで恭順の道を守るは、我が徳川氏の士民といへども、皇国の一民成るを以てのゆゑなり」

官軍が攻めてくるとしても、我々は同じ皇国（天皇の国）の民なのだから、官軍に恭順するのは当然である——このように言います。しかし、本意はそうではありません。

「然《しか》りといへども、士民数万来往して、不教の民、我が主の意を解せず、不《ふ》羈《き》（不服従）を計るの徒、鎮撫尽力、余力を残さずといへども、終にその甲斐無く、今日無事といへども明日の変、誠に計り難く、小臣、鎮撫、力殆《ほとん》ど尽き、手を下すの道無く、空しく飛弾の下に憤死を決するのみ」

当然ではあるが、実はそのことに不満を抱いている人間が大勢いる。この機に乗じて反旗をひるがえそうとしている者すらいる。それを抑えるために全力を尽

江戸城の富士見櫓

くしてきたが、このままでは手に負えなくなる——つまり、オドシなのです。こんな条件では江戸城開城どころか、戦乱になりますぞ、と暗に言っているのです。

ではどうすべきか。

「唯、軍門参謀諸君、能《よ》くその情実を詳《つまび》らかにし、その条理を正されんことを」

すなわち条件を変えろと言っているのです。どう変えればいいのか。もし変えなければどうなるのか。

「その御所置の如きは、敢《あ》へて陳ずる所にあらず、正ならば、皇国の大幸、一点不正の御挙あらば、皇国の瓦解」

そのことについては言うまでもないでしょう。その条件が正しければ皇国にとって大きな幸せだが、もし正しくなければ皇国の崩壊につながりますぞ――この手紙は山岡鉄舟によって、官軍の西郷隆盛のところへもたらされ、西郷は妥協しました。慶喜に対する厳しい措置を緩和したのです。

それにより江戸城無血開城は実現しました。

# 第十三章

# 島津久光の「建白書」
## ——近代化を否定した儒教徒

## ❖韓国における儒教とは……

今回もまたテーマは儒教です。

日本人は意外に、「儒教の毒」というものがいかにすさまじいかを知りません。それというのも、よく言われるように、日本は中国・韓国と違って、儒教を単なる学問として受け入れたからでしょう。

**韓国において、二一世紀の今日でも儒教は生活の中に深く食い込んでいます。たとえば、イトコ同士の結婚は禁じられています。なぜなら儒教の倫理から言うと、これはケダモノと同じだからです。**

それどころか以前は、同じ一族の出身でも結婚できませんでした。全く血縁関係がなくても、遠い昔に同じ一族だった（これを「本貫《ほんかん》が同じ」という）だけで、結婚は許されなかったのです。なぜなら、それは兄妹が結婚するのと同じとみなされたからです。これは倫理上の問題ですが、同時に法律の問題でもありました。なぜなら民法がこれを禁じていたからです（現在は、2005年の民法改定によりこの法律は撤廃されましたが、８親等以内の結婚は禁止されています）。こういうカップルに子供が生まれれば、自動的に「婚外子」となります。それは系図が社会に張り巡らされている韓国では、大きなハンデとなるのです。

それにもかかわらず、昔、韓国が中心となって「儒教が四匹の竜（韓国・台湾・シンガポール・香港）発展の原動力だ」などという主張をしていました。

これは、はっきり言って間違いです。

そのことは拙著『恨《ハン》の法廷』（徳間文庫）にも詳述しましたが、要点をかいつまんで言いますと、まず儒教は本質的に改革を好まない、という体質があります。いわゆる「述べて作らず、信じて古《いにしえ》を好む」です。それは儒教の根本道徳が「孝」であるからです。「孝」とは、父祖《ふそ》の道に従う、ということです。それを無闇に改めないということでもあります。

また、上杉鷹山の章でも述べたように、君子は額に汗して働くべきではない、という考え方が厳然としてあります。そういう労働は下級の人間がすべきものなのだ、ということです。**当然、それはすべての人間が働き、「働かざる者食うべからず」という近代資本主義の倫理と真っ向から対立します。**

## ❖矛盾を主張する、その理由

こんな儒教が、どうして資本主義発展の原動力になりうるのでしょうか。

**しかも儒教では、四民平等、男女同権も有り得ません。「四民」とはもともと儒教の用語で「士農工商」のことです。儒教体制では政治に参加できるのは選ばれた士だけで、あとの民は参加できません。**へたに口出ししようものなら「御政道に口をはさむとはケシカラン」と罰せられるだけです。

しかも、父や目上の人には絶対服従ですから、たとえば四民平等、男女同権のような改革はできません。一言「父祖の道に反する。おまえは不孝をするか」と言われれば終わりです。この倫理がいかに強いものかは、魯迅《ろじん》の小説を読むとよく分かります。魯迅はこの「倫理」と生涯をかけて対決した人です。

それにもかかわらず韓国はなぜ「儒教こそ原動力」と声高に主張したのでしょうか。

ここに日韓の不幸な関係があります。

同じことを台湾人に聞くと、それは「日本人の植民地支配のせいでしょう」と答えます。

つまり、日本の植民地支配という「野蛮な」力が、古い儒教のカラを叩き壊したということなのです。たとえば男女共学の小学校などというものは、儒教体制下では有り得ません（男女七歳にして席を同じうせず）。それを行なえるのは外部の強制的な力でしか有り得ない、ということなのです。

しかし、ここで強調しておかなければいけないのは、我々日本人は彼らに決して恩恵を与えたとは思ってはならない、ということです。植民地支配は一種の犯罪です。

**韓国側にしてみれば、日本の「野蛮な」力で近代化できたということは、絶対に認めたくありません。だから「儒教が原動力」などという矛盾に満ちた、到底有り得ない主張をするのでしょう。**

## ❖日本が儒教国だったら……

では、ここで日本が本当の意味での儒教国、つまり韓国と同じような国であったら、日本の近代化は一体どうなっていたか、ということです。これは韓国の人にもぜひ知ってもらいたいですが、そのことを考えるヒントがあります。

それは島津久光の「建白書」です。

島津久光は幕末における薩摩藩の実力者でありました。藩主の父という身分で、実質的には藩主でした。そして維新の原動力となった西郷隆盛を嫌い抜き、何度も島流しにしたことで有名です。

西郷や盟友の大久保利通《としみち》は、この愚かで頭がコチコチの「儒教徒」久光を、なんとか欺《あざむ》いて薩摩藩を歴史の表舞台に引きずり出し、明治維新を成功させました。

だが、真相に気付いた久光は激怒しました。

そして明治五年になって、政府にこんな改革は一切やめるべきと建白書を出し

島津久光(国立国会図書館蔵)

たのです。

その建白書にはこうあります。

「洋学ノ如キハ一種ノ技芸ニシテ至尊（天皇）ノ急ニシ玉フ所ニアラス」

洋学（西洋の学問）は単なる技芸にすぎない。だから、そんなものは一切やめろと言うのです。

「服制容貌ハ内外ノ弁ヲ厳ニシ貴賤ノ等ヲ分ツ所以《ゆえん》ニシテ王政ノ要典、治国ノ大経、最モ忽《ゆるがせ》ニスヘカラス、今ヤ悉《ことごとく》旧典ヲ破リ、貴賤等ナク内外分ナキノミナラス上下一班西洋ノ冠履ヲ用テ恥トセス、礼制淆乱シテ先王ノ大経大法蕩然《とうぜん》磨滅スルニ至ル、慨嘆ニ堪ヘケンヤ、是ヲ以更ニ旧法ニ依リ適宜ノ服制ヲ定メ貴賤ノ容貌ヲ正シ厳ニ洋服ヲ禁シ、上朝廷ヨリ下閭巷ニ至ルマテ皇国ノ皇国タル本色ヲ明ニスヘキナリ」

「洋服はイカン」と言うのです。その理由は、洋服では身分の上下が分からなくなってしまうからです。四民平等などとんでもないことなのです。

### ❖聞き捨てられた妄言

この建白書は一四箇条にわたりますが、結局その内容は、「平等はイカン」「洋学もイカン」「女学校もイカン」「徴兵制（これは四民平等の原則に立つものだから）もイカン」「士族の禄を減らしてはイカン」と、近代化に逆行するものばかりであり、一言で言えば「父祖の道を改めるな」ということなのです。

もちろん、維新政府は、そんな妄言は聞き捨てにしました。ますます怒った久光は、自分の息子に「西洋医にかかるな、服装を改めるな」と強制しました。親孝行な息子は忠実にその言葉を守り、死ぬまでチョンマゲを切りませんでした。そして西洋の進んだ医学にも触れずに亡くなったのです。

日本は幸運といえます。久光はあくまでも例外者でしたから。

**もし、久光が本当の意味での権力者でしたら、我々はいまでもチョンマゲを結**

っていたかもしれません。あるいは、近代化ができず、欧米の植民地にされ、ロシア語かフランス語を話していたかもしれないのです。

そう思うと、慄然《りつぜん》とします。

繰り返し言いますが日本は幸運でした。

お隣りの韓国では、むしろ久光的人物の方が多数派だったに違いないからです。

# 第十四章

# 伊東祐亨の「勧告文」
## ――明治軍人の思いやり

## ❖二流の儒教国

明治維新は革命でした。

ただし、尊王攘夷《じょうい》から大政奉還へ、という展開は朱子学（儒学）の影を引きずっています。これはやむを得ません。日本には、まだまだ西洋流の民権思想が定着していなかったですし、そんなことを知っているのはごく一握りの先覚者にすぎませんでした。

しかし、島津久光の章でも述べたように、日本は中国や朝鮮と違って二流の儒教国でありました。科挙（官僚登用試験）もなかったですし、官僚による中央集権的支配もありませんでした。幕府と藩の分立という一種の地方分権体制で、これは朱子学では有り得ないことでした。中国のように、あるいは明治維新後の日本のように、一人の皇帝によって全土が支配され、科挙によって選抜された官僚が、その支配を補佐することこそ、江戸時代の日本人が理想とする「文明国」でありました。そして、そう考えるなら、日本は明らかに文明国ではなかったのです。

ところが、実はそれが幸いしました。

朱子学の体制というものは、一見整備されていますが、その根底には厳しい排他性があります。

士農工商こそ正しく、技術者や労働者は、官僚に比べて一段も二段も下であるとします。そして、学問とは朱子学であり芸術とは詩（漢詩）であり、これ以外は認めません。たとえば数学や科学、あるいはシェークスピアの芝居も、彼ら朱子学官僚にとってみればすべて「賤しい技芸」にすぎないのです。

こんな国家が発展するはずがありません。

**日本が、もともと文明国の先輩であった中国・朝鮮を追い抜いて、東アジアの中でいち早く近代化できたのも、根本には朱子学の受容が完全ではなかったからです。というより、もともとそれは日本人の体質に合うものではなかったからでしょう。**

## ❖朱子学における「商」とは

朱子学の特徴として、排他性の他にあげられるのは顕著な形式主義です。反現実主義といってもいいかもしれません。

たとえば、彼らは商業というものを実に軽蔑します。士農工商の中で一番最下位であることでも分かるように、農と工は生産性がありますが、**商というのは、ただ人の作ったものを動かしてカスリを取るだけ、まともな人間のやることではない、というのが朱子学官僚の認識です。**

**ですから、彼らには逆に、その商人から税を取り立てて国家財政を豊かにしようという発想がありません。**

これは一見不思議なようですが、現代でも「すべてのギャンブルを公認にし、その収益に税を課せばいい」という議論に対して、厳しい批判が出るのと同じです。

商というのは、そもそも必要悪であり、尊厳ある国家がそういうものから恒久的な財政収入を期待してはいけない。そんなことをすれば国家が「賤しい職業」を認知することになる。もっとも、商人どもがあまりにもうけすぎているようならば、一時金の形でそれを取り上げてもいい。彼らは物価を乱し、世の中を暮らしにくくする「諸悪の根源」なのだから――。

これが朱子学官僚の考え方です。

税を取るということは、逆に言えば、その納税者の存在を国家が公認しているということなのです。

そして、**朱子学国家にとって、商人というのはあくまでも必要悪であり、国家にとって公認すべきものではないのです。**

**ですから、江戸幕府はあれほど財政に窮乏していながら、驚くべきことに、商品税や流通税というものを最後まで設けようとしませんでした。**貿易もほとんどしていませんから、江戸幕府の歳入は、ほとんど農民からの年貢でまかなわれていました。

一度だけ、開明的な政治家がこの「直間比率」の改善に手をつけようとしたことがあります。田沼意次です。彼のやろうとしたことを一言で言えば、商業を盛んにし、そこから税を取るということです。この動きは松平定信という清廉《せいれん》だが無能な政治家によって、徹底的につぶされました。定信は、後に「寛政異学《いがく》の禁」で朱子学以外の学問を徹底的に弾圧したことでも分かるように、コチコチの朱子学徒で、商業を盛んにするということ自体、倫理的に許せなかったのです。

しかし、そんなことをしても、財政は現実に破綻《はたん》しています。田沼のような手段を使わないかぎり、幕府は滅びるしかありません。そして結局、そうなりました。逆に、田沼的人物を使って財政改革に成功した薩摩藩や長州藩が、次代の覇者となったのです。

## ❖何が勝敗を分けたのか

この、幕府と薩摩・長州の関係は、そのまま、中国・朝鮮と近代化した日本との関係にあてはまります。

中国はあれほど巨大な土地と膨大な人口と豊富な資源を持ちながら、どうして東洋の小国に後《おく》れをとったのでしょうか。**それは朱子学体制のためです。単に石《こく》高《だか》でいうなら、幕府の経済力は薩摩の一〇倍以上あります。それなのに、実際には幕府を上回る経済力を薩摩は持っていました。商業を重視するか蔑視するかの違いです。**

こうした人々が天下を取れば、西洋の近代思想を取り入れて、国家を改革していこうというのが当然の成り行きです。

四民平等（士農工商の区別の廃止）、殖産興業、富国強兵、男女共学等々、日本はその道を駆け抜けました。そして大発展したのです。

この日本と中国（清）が激突したのが、日清戦争（一八九四〜九五）です。

世界はこの戦争に、日本が勝てるはずがないと信じていました。

国力の違いは、先ほどの幕府と薩摩の違いどころではありません。現代でも、人口で比べるだけでも中国一〇に対して日本が一ぐらいでしょう。そんな相手に勝てるはずがありません——。しかし、現実は勝ちました。結局、当時の清というものは、朱子学に骨の髄まで侵された「張り子の虎」だったのです。

## ❖明治維新の〝輸出〟

ついこの間まで朱子学の徒であった日本人は、そのことをよく知っていました。

日本海軍の連合艦隊司令長官伊東祐亨《すけゆき》もその一人です。この人は薩摩藩士の子です。

伊東は有名な黄海の海戦で、清の艦隊を撃破しました。「煙も見えず雲もなく――」という軍歌の「勇敢なる水兵」が戦った、あの海戦です。

清国北洋艦隊提督丁汝昌《ていじょしょう》を、伊東は威海衛《いかいえい》に追い詰めました。清国の敗北は必至です。

その時、伊東は勧告文を送りました。

要するに、このまま戦っても勝ち目はない、戦いの勝敗を分けるのは、軍人の技量ではない――。

伊東祐亨（国立国会図書館蔵）

「僕ハ世界ニ鳴轟スル日本武士ノ名誉心ニ誓ヒ、閣下ニ向テ暫ク我邦ニ遊ヒ、以テ他日貴国中興ノ運真ニ閣下ノ勤労ヲ要スルノ時節到来スルヲ竢《ま》タレンコトヲ願フヤ切ナリ。閣下其レ友人誠実ノ一言ヲ聴納セヨ」

体制が悪いのである。

丁提督よ、日本にいらっしゃい。そして日本で時節の到来を待てばいい。

なぜ、伊東はそんなことを言ったのでしょうか。

**伊東は、明治の人間が築き上げた体制に、自信と誇りを抱いていたのです。そして、丁にもそれを学んでもらい、中国の改革に役立ててもらうことを望んだのです。**「学べ」とは露骨には言わない（それは失礼になる）、しかし、言っていることはそうです。

いわば明治維新の輸出です。

しかし、丁はその好意を謝しながらも、降伏した後自決しました。丁にしてみれば、自分は中国皇帝の官僚であり、その陛下からお預かりした艦隊を敗北させてしまったのですから、「罪万死に値する」のです。その意味で、丁はついに朱子学の枠を越えることはできませんでした。

そしてこの後、不幸なことに、日本人から伊東のような誠実で思いやりに満ちた態度は影をひそめ、いつまでも朱子学にこだわり続ける中国や朝鮮に対し露骨な軽蔑と反感を抱くようになっていくのです。

# 第十五章

## 藤村操の「巌頭之感」
## ――哲学に生き、懸けた若き命

## ❖滑稽な誤解

日本人は昔から滑稽なほどに実利的です。

逆に言えば、形而上《けいじじょう》的なものには関心がありませんし、価値も認めません。ですから、今でも宗教というとバカにします。そんなものは成年男子の関与するものに非《あら》ず、というのが、日本人の伝統的な考え方です。

しかし、宗教というのは、それぞれの民族の基本的な物の見方ですから、それを直視し認識しなければ、外国人と真の付き合いなどできるはずがありません。

宗教というと、日本人のインテリは無知蒙昧《もうまい》の象徴のように思い、それを無視することが「科学的」「理性的」だと思っています。

これはとんでもない誤解です。

たとえば、民主主義一つとってみても、その底流にはキリスト教のもたらした絶対平等思想があります。

改めて考えてみると、一人一票というのは極めてヘンな制度です。善人も悪人も、勤勉な人も怠惰な人も、すべて同じ一票の権利しかない、ということは、「合理的」な考え方では説明できません。**「合理的」に考えれば、人間とは能力差のあるものであり、その能力差に応じて仕事を配分するのが当然ということになります。ですから、政治的権利も全員平等ではおかしいということになります。**

現代日本の会社で、総利益を社員全員の頭数で割って平等に分配しようと言ったら、必ず激しい反発が起きるでしょう。ところが、民主主義の政治の世界ではそれを実行しているのです。

その根底にはキリスト教があり、そこから発生した近代民主思想という「哲学」があります。

その哲学も、まさしく先哲の血のにじむような試行錯誤の結果、生まれてきたものです。

## ❖「哲学」のために死ぬ

ところが日本人は、こういうことには全く無頓着《むとんちゃく》です。

仏教の偉いお坊さんが、どうしても仏教理論の一部が分からず、絶望して自殺しようとした、というような話が経典に載っていますが、日本人はこういう人間を尊敬しません。

「生きてりゃ楽しいことがあるのに、死んだら元も子もないじゃないか、バカだね」

　これが日本人です。

　稀に、特定のイデオロギーに忠実なあまり、殉教《じゅんきょう》した人はいました。隠れキリシタンであり、幕末の志士たちです。**確かにこの人たちは思想を「守る」ために死にました。しかし、知の限界に達したことで、絶望して死のうとした仏僧のような人物は、近代にいたるまで一人もいなかったのです。**

　ところが明治も三六年（一九〇三）になって、日本人の中で初めて哲学のために死んだ者が出現しました。

　それが藤村操《ふじむらみさお》です。

## ❖曰く『不可解』

当時、第一高等学校の生徒であった藤村は、日光華厳《けごん》の滝のかたわらの大樹をけずり、遺書を墨痕《ぼっこん》鮮やかに記し、滝に身を投じました。一八歳の若さでした。

その遺書が、「巌頭《がんとう》之感《かん》」です。

「悠々《ゆうゆう》たる哉天壌《かなてんじょう》、遼々《りょうりょう》たる哉古今《ここん》、五尺の小躯《しょうく》を以て此大《このだい》をはからんとす。ホレーショの哲学竟《つい》に何等のオーソリチーを価するものぞ。万有の真相は唯一言にして悉《つく》す、曰く『不可解』。我この恨を懐《いだき》て煩悶終《はんもんつい》に死を決するに至る。既に巌頭に立つに及んで胸中何等の不安あるなし。始めて知る大なる悲観は大なる楽観に一致するを」

彼は、万物を貫く理《ことわり》を求めて煩悶し、ついにその理を解きあかせぬ自分に「煩悶」し絶望し、死にました。

「巌窟王（がんくつ）」などの小説の翻案者でもあり、作家であり、当時の有名新聞「万朝報《よろずちょうほう》」の社長・黒岩涙香《るいこう》は、「少年哲学者を弔《ちょう》す」を記し、その中で「我国に哲学者なし、この少年に於て初めて哲学者を見る。いな、哲学者なきにあらず、哲学のために抵死《ていし》する者なきなり」と、その死を悼《いた》みました。

日本の歴史上、信仰ではなく哲学のために死んだのは、この藤村操をもって嚆矢《こうし》とします。

## ❖個人の存在

この青年の登場には、どのような歴史的意味があるのでしょうか。

日本の伝統的な社会を支える哲学は「儒学」でした。儒学とは、人と社会の関連を重視します。「修身斉家治国平天下《しゅうしんせいかちこくへいてんか》（身を修《おさ》め家を斉《ととの》え国を治めて天下を平《たいらか》にする）」、これが儒教の理想です。

逆に言えば、家や社会（国）を離れたところに、個人というものはありません。近代的自我もないのです。

このような社会では、親からもらった命を自分の悩みのために「消費」することは、最大の罪です。

しかし、そういう考え方から離れ、個人こそ社会の構成単位であると考えるのが、近代社会です。従って近代社会成立の前提条件として、家や国を離れた個人、そういうものに束縛されぬ一個人というものが、存在しなければなりません。

日本は明治になって、ようやくそういう人間が出現したのです。

藤村操がその死に際して、滝の巌《いわお》の上で記した「巌頭之感」は名文です。一八歳の青年が書いたものとは思えません。日本人の書いた遺書の中でも、最高の名文の一つでしょう。

## ❖「煩悶」と「自殺」

このロマンチックな死は、たちまちインテリ青年層を魅了しました。「巌頭之感」はインテリ学生たちの愛唱詩（？）となり、日光華厳の滝は一時自殺の名所となったのです。

このあたりがいかにも日本人なのですが、インテリ学生たちは、「煩悶し自殺を考える」のが流行となりました。

また、後のことですが、亀井勝一郎が哲学をやろうと思っていると両親に話したところ、激しく反対されました。「藤村操のように自殺したらたまらん」というのがその理由でした。これだと笑い話のようですが、**哲学というものは単なる知識の遊びではなく、命を懸けてやるものだという観念が広まっていたのです。これは藤村の功績というべきでしょう。**

華厳の滝で自殺する者が絶えなかったので、ついに警察は木の幹に残っていた「巌頭之感」を削り落とさざるを得ませんでした。

この時、藤村の友人で「自殺しないのは勇気が足りないからだ」と「煩悶」し、ついに落第して放校された青年がいました。

岩波茂雄、後の岩波書店の創立者です。

第十六章

# 円谷幸吉の遺書
## ——走れないランナーと日本人気質

## ❖高度成長の国

長い不景気の現在では驚くかもしれませんが、日本は、あらゆる意味で、高度成長の国です。

この東アジアの中で、離れ小島にいたということもあって、かつて日本人は最も遅れた民族でした。なにしろ、三国志の諸葛孔明が石造の城の中で茶を飲みながら本を読んでいたころ、日本では掘っ立て小屋の中で卑弥呼が呪術を行っていました。

しかしその後はあっという間に、中国・朝鮮を抜き、トップに躍り出たのです。

とにかく集中力はすごいと言えます。

高度成長というと、戦後だけのことのようですが、実は戦前もそうです。

戦後は経済一本槍ですが、戦前は軍事も含めた成長でした。なにしろそれまで日本刀や槍を振りかざし、蒸気船すらまともになかった国が、たった半世紀の間に英・米に次ぐ三大海軍国の一つになるのです。考えてみれば、滅茶苦茶な話で、よくできたなと思います。

戦後もそうです。**太平洋戦争で、国土を徹底的に破壊されながら、わずか三〇年でGNPが世界で三本の指に入るほど成長するのです。こんな国は他にはありません。**

それを支えているのは、むろん日本人です。

## ❖オリンピックの役割

日本人は「成長」に向けて、がむしゃらに突っ走ります。

戦後の高度「経済」成長の中で、この一翼を担ったのがオリンピックであり、万国博です。この国際的イベントを自分の力でやるということが、世界の一流国への仲間入りだと考えられた時代がありました。いや、今でもそう考えている国もあります。

こういう国々にとっては、まさにオリンピックは一種の「模擬戦争」でした。

国の名誉を背負って、ひたすら戦い抜く選手たち、勝てばまさに英雄です。私は、オリンピックというイベントが国際社会に果たしてきた役割を高く評価しています。

あんなの企業のPR合戦の場じゃないか、とか、勝つことより参加することに意義があるはずなのに、今の選手は勝つことだけに血道を上げている、という批判があることは、無論心得ています。

しかしながら、そういう欠点があっても、やはり評価すべき点はあります。もっともあれが「平和の祭典」だから、というのではありません。むしろ逆で、あれは一種の「戦争」です。その「戦争」を行うことによって、本当に血を流す真の戦争が、かなり回避されている面があるのではないか、ということなのです。詭弁《きべん》に思う人がいるかもしれません。だが、人類は闘争本能を持っています。愛国心もあります。**愛国心というのは、誤解を恐れずに言えば、他の国に負けまいという心です。それが、本当に戦争や強圧的な外交などで発揮されれば世界は迷惑します。**

**つまり、そういう闘争本能や愛国心の発散の場として、オリンピックを評価す**

**るということなのです。**

もっとも、そういう評価をすることは実際に参加する選手にとっては迷惑至極なことでしょう。純粋にスポーツをやりたいのに、日の丸を背負わされ、勝つことを期待、いや強制されるのです。

高度成長の中、日本にも明らかにこういう時代がありました。

その時代のヒーローが、円谷《つぶらや》幸吉です。

## ❖メダルと重圧

日本が世界の表舞台に、再びデビューしたのが、一九六四年の東京オリンピックでした。「再び」と言ったのは、戦前は軍事大国であったのが敗戦で没落し、今度は経済大国の「新人」としてデビューしたということです。

この華やかな舞台で、日本選手は多くのメダルを取りました。「東洋の魔女」と呼ばれた日本の女子バレーボールが初めて金メダルを取ったのも、この大会です。

円谷幸吉は、陸上競技の華・マラソンで銅メダルを取りました。私はまだ小学生で、この時の様子をテレビで見ていましたが、金はエチオピアのアベベ、この人はオリンピック史上最高の名ランナーです。円谷は最後のトラックの途中までは二位でした。最後に力尽きて、イギリスの選手に抜かれました。しかし大健闘でした。日本がマラソンでこれだけの好成績を上げたのは初めてといってよかったからです。

しかし、「惜しいところで二位を逃した」ということが、彼の人生に仇《あだ》となりました。アベベは最盛期を過ぎ引退することが既に見えていました。となれば次のメキシコでは「金」も夢ではありません——。

その期待の重圧が彼の命を押しつぶしました。

メキシコオリンピック開催の九カ月前、晴れの東京オリンピックから三年後、彼は勤務先の自衛隊体育学校で、安全カミソリで頸動脈を切って自殺しました。

遺書は二通あり、一通は学校関係者への謝罪であり、もう一通は両親に宛てたものでした。

「父上様、母上様、三日とろろ美味《おい》しゅうございました。干し柿、もちも美味しゅうございました。敏雄兄、姉上様、おすし美味しゅうございました。勝美兄、姉上様、ブドウ酒、リンゴ美味しゅうございました。（中略）幸吉はもうすっかり疲れ切ってしまって走れません。何卒《なにとぞ》お許し下さい。（中略）幸吉は父母上様の側で暮らしとうございました」

文豪・川端康成はこの遺書を、「千万言も尽くせぬ哀切である」と評しました。こうしてオリンピックのヒーローは、自らこの世に別れを告げたのです。

## ❖頑張りすぎる民族

**日本人は頑張る民族です。しかし少々頑張りすぎではないかと思うこともあります。**

「働き盛りの過労死」などという言葉を聞くたびに、私はこの円谷の遺書を思い出すのです。もうそんなに頑張らなくてもいいじゃないかとも思います。

確かに日本人にとって、オリンピックの意味は明らかに変わりました。同じ「日の丸」を背負うといっても、リオ大会を見ているとみんな楽しげに出場しています。国威発揚のために死に物狂いにやるという時代は終わりました。それだけ日本は、物ばかりでなく心も豊かになったのかもしれません。

今でも円谷の時代の日本のように、オリンピックを「戦って」いる国もあります。それはそれで仕方がないのかもしれません。国家の成長の一段階なのでしょう。

しかし、のびのびと活躍する選手たちの姿を見ていると、円谷幸吉もこういう時代に生まれればよかったのに、と思ってしまうのです。

# 第二部　もうひとつの日本史

# 第十七章

# もし日本列島が中国大陸と地続きだったら

## ❖日本国家の成立は地理的要因

日本はなぜ日本になったのでしょうか。

こういう問いを発すると、あるいは頭がおかしくなったのではないかと思われるかもしれません。

もう少しわかりやすく言えば、日本人はどうして日本文化を形成したのでしょうか。つまり、中国人や韓国人やベトナム人やタイ人と違った日本人になったのはどういう理由かということです。

これはもちろん人種的要因もあるでしょう。つまり、今言ったような国に住んでいる人たちとは、民族が違うという意味です。

しかし、それだけではありません。

一番大きな理由というのは、実は地理的要件ではないでしょうか。**つまり日本列島がもし中国大陸と地続きだったとしたら、ひょっとして日本文化というものはかなりの確率で存在しなかった可能性もあります。**

このことについて我々に考えるヒントを与えてくれるのは、実は朝鮮半島の存在です。

**朝鮮半島というのは、中国大陸から文化が伝わって来る回廊でした。**そして、朝鮮半島と日本の一番大きな違いは、日本と朝鮮半島の間には、そして日本と中国大陸との間には深い海がありますが、朝鮮半島はあくまで中国大陸と地続きであるということです。

これはどういうことでしょうか。

一番簡単に言えば、まず軍事的侵略を招きやすいということです。そもそも、どうして中国、いわゆる中国大陸の中原に出た民族と半島にいる民族の言語や文化が全然違うのか、これは理由がよく分かりません。

言葉一つとってみても、中国語は漢字を使い、そして文法的に言えばどちらかといえば英語に近いものです。例えば、中国語では「われ・愛す・あなたを　ウォー・アイ・ニィー」というような言い方をしますが、これは英語の「アイ・ラブ・ユー」と全く語順が同じです。ところが、朝鮮半島では「わたしは・あなたを・愛します」、つまり日本とおなじように「て・に・を・は」をつけた、言語学的にいうと、いわゆる「膠着語《こうちゃく》」というのですが、その「膠着語」と同じ系統になっています。

まず、朝鮮半島にどうして独自の文化が存在するのかということ自体も実に不思議なことなのですが、その独自の文化も、中国という文明の原産地でもある国家が次第次第に統一され、一つの大きな国（それがまさに中国なのですが）になるにしたがって、文化自体が存立の危機をむかえました。

## ❖秦の時代と弥生時代の文明の差

初めて中国大陸を統一したのは、ご存じ秦《しん》の始皇帝です。

しかし、この秦の始皇帝の時代、それでは同時代の日本はどういう状態だったのかと言ったら、弥生時代です。まだ文字を持たず、原始人に毛のはえたような文明レベルです。

その時代にもはや、もう秦の始皇帝が作った大帝国があったのです。ちなみに、項羽と劉邦もこの少し後の時代ですから、結局、項羽と劉邦があのようにきらびやかな文明の中で戦いを繰り広げていた時代、日本人は頭からすっぽり被る麻の衣をまとい、藁で作った小屋のようなものに住んでいたのです。

それくらい両者の文明レベルは違います。朝鮮半島は日本に比べればまだ少しはましだったでしょうが、中国に比べればはるかに遅れていたに違いありません。そしてその中国が、それまでは戦国時代で七つの国に分かれていたのですが、秦が統一し、以後戦乱の時期を除いて統一政権ができるようになります。これは朝鮮半島に住んでいる人間にとっては、最大の軍事的脅威でした。その軍事的脅威に対する危惧はやがて現実のものとなります。

隋という国家ができると、隋は南下政策を開始しました。つまり朝鮮半島をも版図におさめようというのです。つまり、中国という文明国の力量がそこまで成長したのでした。

## ❖中国に宗主権を認めた新羅

今でこそ我々は、中国の力量が成長したなどというのんびりした言い方ができますが、その当時の人にとってはたまったものではありません。

朝鮮半島もその頃、北から高句麗《こうくり》、新羅《しらぎ》、百済《くだら》の三国に分かれていましたが、一番中国大陸に近い半島の付け根の部分にあたる高句麗は、隋の侵略を受けなければなりませんでした。しかしこの侵略は、乙《ウル》支《チ》文徳《ムントク》ら名将がこれを撃退したために、高句麗は隋の属領にならずにすみました。逆に、隋はこの高句麗遠征の失敗がこたえて滅びます。

しかし、この後にできた、より強力な国家である唐は、朝鮮半島を併合すべく強烈な南下政策を展開したのです。

この中で朝鮮半島三国の一国であった新羅は、最初に唐と結び、自分のライバルである百済と高句麗を滅ぼした後、今度は一転して中国に対して武力抵抗策をとり、その影響を排除しようという綱渡りのような作戦に出ます。

## 七世紀初めの東アジア

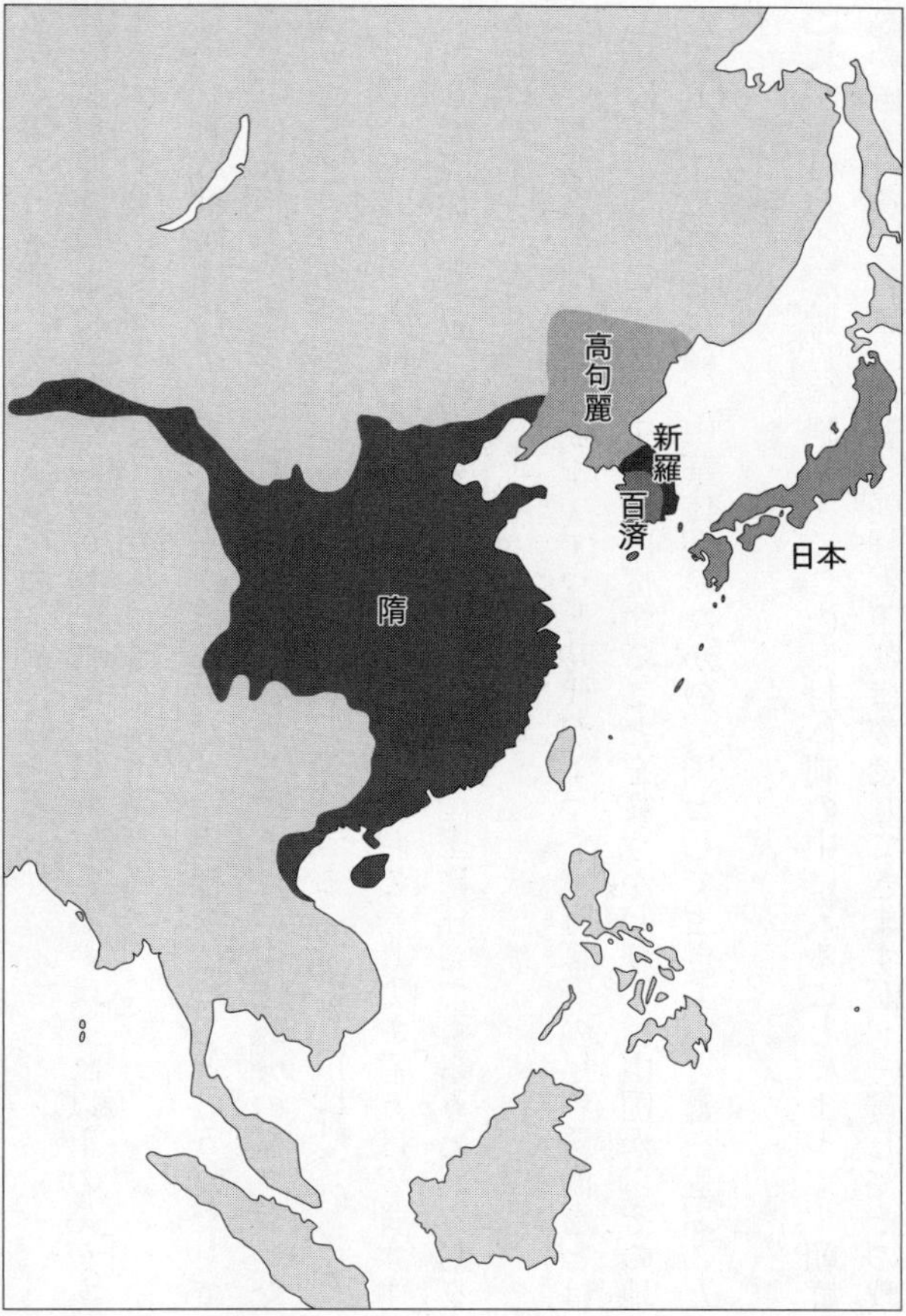

これは極めて危険な賭けでもありました。唐と朝鮮半島はおそらく当時のGNPでも一〇対二あるいはそれ以上の差があったでしょう。もちろん、人口の差もあります。

結局、新羅は中国に対して、屈服ではないが、宗主権を認めるというかたちでその傘下に入っています。これは現代風に例えて言えば、中国親分の盃を貰ったということです。親分から盃を貰って子分となれば、その身分は保証されます。親分は子分を殺そうとはしないからです。これは当時のやり方で言えば、まず中国に対して臣従を誓い、使いを送り、そして朝鮮国王に任じてもらうという形をとるわけです。

日本でも耶馬台国の卑弥呼や、ずっと時代が下って室町幕府の足利義満などは同じ手段をとっています。中国に臣従することを誓うかわりに、中国からその地域の国王に任じてもらい、中華体制のなかの一国として生きていく道を選ぶことです。

これが、いわゆる冊封《さくほう》体制です。この冊封体制の中に入ることによって、朝鮮半島の国家は後に新羅、高麗《こうらい》、朝鮮と王朝は変遷してきますが、一貫してその政策をとり、中華体制の傘下としての国家という体制を守る形で半独立を保つことに成功しました。

## ❖中国の支配をまぬがれた日本

しかしこれはあくまで半独立であって、親分の意向には逆らえないのです。ですから例えば、国の制度も政治も経済も、そして文化さえも中国を模範としなければなりませんでした。

近代以前の朝鮮半島において歴史を学ぶということは、それは中国史を学ぶことです。文芸を語るといえば、それは漢詩文を読むことでした。そして朝鮮王朝に仕える役人たちは、常に中国語を習得し、中国哲学の試験である科挙にパスしなければいけませんでした。もちろん、国王も中国語には精通していなければならなかったのです。

もし、日本もこの朝鮮半島と同じように大陸と地続きでしたら、おそらく朝鮮半島と同じような道をたどらざるを得なかったでしょう。当然、それは日本文化が今のような形で成立したとは到底考えられず、おそらくは、より中国の影響を受けた半中国的国家になっていたでしょう。その具体例は、これからいくつもの実例を本書の中で挙げていくことにしますが、とにかく日本にとって最大の幸運は、日本と中国大陸が地続きでないために、日本は中国の軍事的、文化的脅威をかなりの程度でまぬがれることができたという事実です。

確かに、一三世紀に日本に元（モンゴル）が攻めてきたこともありますが、それはむしろ例外で、**半島とそして大陸との間にある深い海は、日本人にとってこのうえなく大切な防壁であったのです。そのことはまず、この日本が大陸と地続きでなかったということが日本文化を独立させる、日本人というものを成立させる、最大の要件であったことを我々は理解する必要があります。**

# 第十八章

# もし唐が日本を攻めていたら

## ❖唐がとった巧妙な手段

七世紀、東アジアの情勢は風雲急を告げていました。

超大国唐の南下政策が始まったのです。朝鮮半島を傘下に治めることは、大陸に誕生した王朝の悲願でした。唐の前に隋という王朝があり、隋も半島攻略を目指しました。

当時の朝鮮半島は高句麗、新羅、百済の三国に分かれていました。一番北、つまり大陸寄りの国は高句麗です。

この高句麗に対し隋の煬帝《ようだい》は大規模な遠征軍を派遣し、武力征服しようとしましたが、高句麗の名将乙支文徳《ウルチムントク》が撃退し、隋はこの大敗北が原因で滅びました。

ついで隋を滅ぼした唐が、半島攻略を目指しましたが、唐は隋よりも巧妙な手段をとりました。一九四ページで述べたように三国の中の一国と軍事同盟を結び、その一国を走狗《そうく》として他の二国を滅ぼさせておき、最後の一国を自分の手で討つというものです。中華民族お得意の「夷《い》をもって夷を制す」「遠交近攻（遠くの国と交わり、近くの国を攻める）」です。

三国の中で当時最も弱かったのは、意外かもしれませんが、後に半島を統一した新羅でした。

ところが、その新羅に大英雄がいました。

金春秋、のちの太宗武烈王です。

金春秋は巧みな外交戦略で、唐の支持を取りつけました。当時、新羅は百済の圧迫を受け亡国の危機にありました。しかし金春秋が唐と組んだことによって、その軍事的優位は完全に逆転しました。

六六〇年、新羅は唐の大軍とともに百済の首都泗沘《しび》に攻め入り、これを滅ぼしました。その滅亡の日、王城にあった山の断崖から三〇〇〇人の官女が白馬江に身を投じたといいます。その遺跡、落花岩も今に残されています。

新羅と唐との友好関係はその後も続き、両者はさらに高句麗も滅ぼします。

## ❖天智天皇の恐怖と決断

この間、海の向こうで情勢を眺めていた日本の天智《てんじ》天皇は、百済が滅ぼされるに及んで、その祖国回復を求めるゲリラ軍と行動を共にすることを決意しました。

これは日本の運命を左右する重大な決断でした。超大国唐と事を構えようというのです。

天智天皇はどうしてそんな決断をしたのでしょうか。**それは、日本と百済が友好関係にあったからです。そして、もっと重大な理由は、日本が新羅を憎んでいたからです。**

それは「任那《みまな》」問題でした。任那というより正式な国名としては加羅《から》（加耶《かや》）と言った方がいいのですが、このあたりに日本の「領土」があったようです。それを『日本書紀』では「内宮家《うちつみやけ》」と言っています。ところが、日本はそれを新羅に奪われてしまったのです。**そして歴代天皇はそれを奪い返すことを求めまし**

た。**日本人は知らない人が多いですが、あの聖徳太子も弟を大将にした新羅征討軍を派遣しようとしていたのです。**

その憎き新羅が唐と組んで、友好国の百済を滅ぼしました。天智天皇が「カッときた」のも無理はありません。しかも、日本にはその百済王家の王子・扶余豊璋がいました。この王子を半島へ送り返し、ゲリラ軍の盟主とすることで、百済を復興しようとしたのです。

しかし、冷静に考えてみると、この策は極めて危険です。なにしろ相手は唐ですから、国力も人口もケタ違いです。

それでも天智天皇が武力介入に踏み切ったのは、いずれ新羅も唐に滅ぼされ半島が完全に唐の支配下に入ったら、次は日本の番だという思いからでしょう。

日本は大規模な援軍を送り込み、日本・百済連合軍と唐・新羅連合軍は、半島の白村江《はくすきのえ》で対決したのです。

結果はご存じのように、日本は大惨敗しました。勢いを得た新羅は唐の後援よろしくついに半島を統一しました。

天智天皇は唐の侵略を恐れました。

各地に城を造り、都も内陸の近江の琵琶湖のほとりに遷《うつ》します。すべて唐が攻めてきた時のことを考えてです。ちなみに都がこんなに畿内を離れたのは、これが初めてです。

もし、この時、唐が新羅を滅ぼし日本に攻めてきたら、一体どうなっていたでしょう。

## ❖激戦の末、日本文化は消えた

唐はおそらく五〇万以上の大軍を展開できたでしょう。というのは、地続きの高句麗を隋が攻めた時には一〇〇万の軍勢を差し向けたという記録があるからです。日本と朝鮮半島の間には深い海があります。深い海を渡るには大きな船が必要です。ですから半分の五〇万ぐらいには減るでしょう。唐軍は九州に上陸します。

後に、歴史上実際に中国が攻めてきたことがありました。一三世紀の元寇《げんこう》です。この時、上陸した元軍は鎌倉武士の逆襲に遭って全滅に等しい打撃を受けま

白村江の戦いがあったとされる錦江

した。

しかし、この時とは条件が違います。

まずこの時は、鎌倉武士という精強な軍団がいました。しかも当時の政府は鎌倉幕府という日本最初の軍事政権でした。外敵と戦うには極めて良い条件が揃《そろ》っていたのです。

その条件について詳しく述べましょう。

まずモンゴル帝国（元）が世界を席《せっ》捲《けん》したのは、騎兵の力が大きいということです。鎌倉武士や戦国時代の武田騎馬隊というのは、厳密には騎兵とは言えません。というのは馬に乗っているのは士《さむらい》（将校）だけであって、それ以外の兵や従卒は徒歩だからです。当然、この騎馬隊というのは人間の走力以上のスピードでは移動できません。ただ戦場に到着すれば、「騎馬隊の突撃」はできます。この時は確かに騎兵と言えますが、移動中はそう言えません。

これに対しモンゴル軍というのは、一兵卒に至るまで、全員馬に乗っているのです。その機動性も破壊力も、日本の騎馬隊とは比べものになりません。

日本で本当の意味での騎兵を使ったのは、司馬遼太郎氏も指摘しているように、源義経の鵯《ひよどり》越えと織田信長の桶狭間の奇襲しかありません。この二例は、いずれも馬乗りの士（つまり騎兵）だけで、そのスピードと破壊力を生かして敵を撃破したのですが、日本史の中ではこれだけしかありません。

ところがモンゴルは常にその戦法が使えたのです。彼らは草原の民であり、女子供まで日常、馬に乗ります。それが天下無敵であると彼ら自身が気づいた時に、あの大征服が始まったのです。

しかし、皮肉なことにモンゴル軍団は日本ではこの戦法を使えませんでした。なぜなら日本と大陸との間には深い海があるからです。当時の輸送船団では馬を何万頭も輸送することは不可能です。

馬はモノではありません。生き物です。しかも騎兵というのは一人一馬ではありません。何頭も乗り換えの馬を用意しているのが普通です。それが日本遠征ではできませんでした。馬に乗れたのは大将（指揮官）だけで、地べたに降りて慣れない異国で戦わねばならなかったのです。

だが、七世紀は違います。歩兵の集団が中心です。おそらく、九州へ上陸した唐軍と日本軍は激戦になります。あちこちに城が築いてあるとはいえ、衆寡敵せず、日本軍は次第に追い詰められていくはずです。

天智天皇はどうするでしょうか。

最後まで抵抗するか、それとも降伏するでしょうか。降伏した場合、その身柄は長安に送られ、一族は捕虜となるでしょう。

日本は唐の直轄領となり、「日本」という名も日本文化もなくなります。たとえば、『万葉集』とか『古今和歌集』とか『源氏物語』とか、そういった民族文化は歴史の中から消え去り、ちょうど近代以前の台湾のように、中国の一地方として生きるしかなくなるに違いありません。

われます。

どうもあまり気持のいい話ではないですが、多分そうなったのではないかと思われます。

## ❖朝鮮半島は「防壁」

しかし、実際にはそうなりませんでした。

なぜならなかったかというと、半島を統一した新羅が唐に抵抗し、独立を保ったからです。

正確に言えば独立ではなく、中国を宗主国として一種の保護国となる道を結局はたどることになるのですが、とにかく実に皮肉なことに、**日本があれほど憎んだ新羅が「防壁」となったお陰で、日本の「独立」は保たれたのです。**もっとも新羅に感謝する必要はありません。新羅が自分のことだけ考えて行動した結果が、そうなったというだけの話だからです。

逆に、一三世紀の元寇はなぜ起こったかというと、元が当時朝鮮半島を支配していた高麗を武力で征服したからです。元は儒教から見れば「野蛮」であり、それゆえ高麗は宗主国として仰ごうとはしませんでした。そのために高麗は武力で服属させられたのです。

つまり朝鮮半島が大国に武力制圧されると、次は日本の番なのです。そこで明治維新後、日本は朝鮮半島を自分のものにしようとしました。半島が自分の領土になれば、それだけ本土は安全であり、逆に大国（当時はロシア）の支配下に入れば、日本は侵略の危機にさらされることになります。

その選択は、結局は誤りでした。

**しかしここで教訓として認識しておかなくてはならないのは、日本の平和、安全といったものは、今でも朝鮮半島の政治的安定が重大条件であるということなのです。**

# 第十九章

# もし日本に仮名がなかったら

## ❖文明の中心国家、中国

文化というのは不思議なものです。常に高いところから低いところへ流れ、逆流することは滅多にありません。

古代においては特にそうです。

日本をいま「極東」と呼ぶことがあります。ファー・イースト、つまり文明の中心である欧米から、ずっと離れたところ、それも「中近東」より離れたところという意味でしょう。日本人にとっては、いささか腹が立つ言い方ですが、古代東アジア社会においては、これは掛け値なしの真実でした。

文明の中心は「中華の国」すなわち「中国」です。**中国というのは、本来は地名ではありません。文明の中心である国家という意味の、理念を表す言葉です。中国周辺の国は、この超大国の強い影響を受けました。**

それは当然です。

数学にしろ哲学にしろ文学にしろ、あるいは医学にしろ音楽にしろ、我々が今日「文化」と呼ぶものは、東アジアではすべて中国が発祥の地なのです。現に、私もこの原稿を書くにあたって「漢字」という中国文字を使用しています。これ一つを取ってみても、中国文化の影響力のすさまじさが分かるでしょう。古代における日本と中国の文明度の差は、まさに大人と子どもの差です。いや、それ以上でした。

ですから、日本人が何もかも中国流に染まったのは当然のことと言えるでしょう。この偉大なる教師、中国と、子どものような日本の仲立ちをしてくれたのが朝鮮です。朝鮮半島は中国大陸と地続きです。ですから彼らが中国文化に接したのは、離れ小島に住む日本人よりずっと早いのです。中国文化は朝鮮半島で咀嚼《そしゃく》されて、日本に伝わってきました。だからこそ、日本は中国文化を容易に吸収することができました。

## ❖日本独自の「民族の古典」

中国文化の理解度において、我々日本人は常に朝鮮民族に後れを取っていました。

これは事実です。やはり地の利というものがあります。**中国文化全盛の時代において、朝鮮は常にその一番弟子でした。日本はどう考えても二番弟子ですらありませんでした。**

**ところが、実に皮肉なことに、そのために日本には独自の文化が発展したのです。**

朝鮮にも独自の文化がなかったのではありません。しかし、中国文化の強い光を浴びて、朝鮮独自の文化というものは、しばしば片隅に追いやられることになりました。

その典型的な例が「文学」です。

日本は古代の国家建設期からの歌謡・叙事詩が豊富に残されている、実に不思議な国です。

それは、民族の優れた文化遺産であり、残されていて当然ではないかと思うかもしれません。

しかし、実は古代においては「いかに中国化するか」、もっと露骨に言えば

「いかに中国文化をコピーするか」が、「文化」というものの尺度だったのです。

これは、西洋でも同じことで、ヨーロッパでは「いかにローマ化（ギリシア化）するか」が一番重大なことであり、あるいはそれ以前では「エジプト化」が文化の尺度でした。

何しろ、どんな学問をやるにも、その先進文明国の国語を習得しなければどうにもなりません。日本でも、明治維新の時、初めのうちはそうでした。英語やフランス語やドイツ語ができなくては、教科書を読むことすらできないという時代がありました。

そして、実は文学も同じでした。

文学も先進文明国の様式で、その言語を使用して語られるものです。中国文化における最高の文学は詩（漢詩）であり、その漢詩を詠《よ》むことが文学だったのです。

これは不思議でも何でもありません。

たとえばジャズというものが日本に輸入された時、人々はそれを日本語に訳したり、様式《スタイル》を変えようとはしませんでした。そのまま、英語のままで歌い演奏しました。日本語に訳すようになったのは、ずっと後のことです。

文化というのは、まず生《なま》の形で輸入されるものなのです。

そして、韓国はこの中国文化の影響を強く受け、知識人や官僚たちは文学をやるなら漢詩を詠めばいい、詠むべきだ、という態度を、この一千年以上にわたって取るようになります。

当然、自国の歌・詩・小説といったものは無視するようになりました。これは古代においては当たり前のことです。

ヨーロッパにおいて、漢文にあたるものはラテン語です。これはローマ帝国の公用語です。そして、ずっと後代に至るまでヨーロッパでは詩も学問の論文も、ラテン語で書くのが正式でした。聖書もラテン語で書かれていました。各国語訳ができるのは「宗教を民衆の手に」という宗教改革の運動が起こって以後のことです。

ですから、その国の独自の言葉を使った「民族の古典」などというものは、韓国のように忘れ去られるか、軽視されるかのどちらかになります。

**だからこそ、日本にずっと昔からの民族の古典が保存されているのは、そうい**

う世界の文化の常識に反したことで、実に奇妙な現象なのです。

## ❖日本人が仮名を作った理由は……

どうして『万葉集』『古今和歌集』『竹取物語』が残り、後に近代的な小説としては世界初とも言われる『源氏物語』にまで発展していったのでしょうか。それは仮名という、日本語を自由に書き表せる文字が発明されていたからです。

これも当たり前だと思う人の方が多いかもしれません。

しかし違います。お隣りの韓国が民族固有の文字、ハングルを作ったのは、なんと一五世紀になってからです。しかも、このハングルを作ったことに対し、知識階級は猛然と反発しました。「そんなことをしては中国文化の消化がおろそかになる」というのが、その理由です。言うまでもなく、こういう考え方の中からは『万葉集』も『源氏物語』も決して生まれません。韓国がハングルによる独自の民族文化を築くまでには、さらに月日がかかりました。しかも、知識階級は一貫して民族文化に冷やかな態度を取り続けたのです。

**では、どうして日本人は仮名を作ったのでしょうか。それは、恐らく言葉というものに一種の呪力を認めていたからでしょう。すなわち言霊《ことだま》です。**

言葉の呪力というものは、別の言葉に翻訳してしまえば消えてしまいます。好例が、真言密教で使う「真言」です。これは一種の呪文であり、古代サンスクリット語（梵語《ぼんご》）をそのまま使っています。意味はありますし、訳そうと思えば訳せるのですが、あれを日本語に訳そうという人は誰もいません。それと同じです。

朝鮮半島は日本より早く文化の花が開きました。だからこそ逆に「言葉の呪力」などという迷信は消えてしまいました。しかし日本は、それが残り、残ったからこそ完全に中国化せずに何とか「日本語の歌」を保存しようということになって、仮名が作られたのではないでしょうか。

仮名を誰が作ったかは分かりませんが、恐らく相当な知識人でしょう。「いろは四十七文字」の歌を作ったのは空海だという仮説もありますが、空海こそ真言密教の開祖であり、そのことも考え合わせるとなかなか興味深いものです。

## ❖仮名が完全なる中国化を阻止した

では、仮名がもしなかったら、一体どういうことになったでしょうか。**まず確実に言えるのは、中国文化の強大な影響力に対抗できなかったろう、ということです。**

**仮名はその影響力に対抗する、ほとんど唯一の武器なのです。**

これがなければ、『万葉集』も『古今和歌集』も『源氏物語』もありません。国風文化もありません。それどころか、中国の法である律令に対する、仮名で書かれた「式目《しきもく》」もないのです。

サムライもいません。

サムライというのは、律令の中にはない体制の「鬼っ子」です。それが後に天下を取り、「幕府」という名前こそ中国風ですが中国にはない日本独自の政府を作っていきます。その幕府の法が式目です。中国化の大きな流れの中では本来有り得ないものです。というのは、中国文化は「文」を尊び「武」を軽んじるからです。

また、中国化が進むということは、儒教化が進むということでもあります。江戸時代、儒教が盛んになったころ、日本の知識人は、たとえば菅茶山《かんさざん》とか頼山陽《らいさんよう》とか、中国風の姓名を好みました。仮名がなく、中国化の度合いがもっと進んでいたら、日本人全体がこういう中国式の一字姓を名乗っていたでしょう。

実は韓国がそうなのです。韓国語と中国語は全く違う言語なのに、今の韓国人はほとんどすべてが中国式の一字姓です。日本もこうなっていたに違いありません。

**ただ、日本と韓国の仲は、今よりはるかに友好的だったでしょう。もちろんそれは、同じ文化の相弟子として、です。**

# 第二十章

# もし弓削道鏡が天皇になっていたら

## ❖偽りの〝道鏡〟説

弓削道鏡《ゆげのどうきょう》といえば、戦前の国史教育では大悪人の代名詞でした。

戦前の国定教科書は次のように記述しています。

「道鏡は第四八代称徳天皇の御代《みよ》に、朝廷に仕えて政治にあずかっていましたが、位が高くなるにつれて、しだいにわがままになり、ついに、国民としてあるまじき望みをいだくようになりました。すると、これもある不心得者が宇佐八幡《うさはちまん》のおつげと称して『道鏡に御位をおゆずりになれば、わが国はいっそうよく治るでございましょう』と奏上しました。いうまでもなく、道鏡に対するへつらいの心からいい出した、にくむべきいつわりごとでありますが、天皇は、わざわざ和気清麻呂《わけのきよまろ》を宇佐へおつかわしになって、神のおつげをたしかにお聞かせになりました」（初等科国史　文部省発行　原文は旧カナ旧字）

宇佐神宮（宇佐八幡宮）

言うまでもなく宇佐八幡の神託は「NO」でした。「わが国は、神代《かみよ》の昔から君臣《くんしん》の分が明らかに定まって」（同書）いるというのが神の回答だったのです。

**この「神代の昔から君臣の別が定まっている」ことが、天皇制ということなのです。**

外国にはこういうものはありません。「君臣の別が定まっている」から、天皇家に生まれた者（天皇の血筋をひく者）でなければ、絶対に天皇にはなれません。

しかし、海を一つ越えれば、むしろ「誰でも」王や皇帝になれるのが普通です。

朝鮮半島でも中国でも、山賊まがいの

人間が王になったことは珍しくありません。

日本は不思議なことにそうはなりませんでした。

なぜ、ならなかったかは、後ほど述べるとして、どうして道鏡は天皇になろうとしたのでしょうか。

実は、戦前の教科書には道鏡が邪心から天皇位を望んだように書かれていますが、これは実は真っ赤な嘘で、本当は称徳天皇の方が道鏡を天皇にしようとしたのです。

では、どうして称徳天皇はそんなことをしようとしたのでしょうか。

これは戦前でも知っている人は知っていました。

称徳女帝と弓削道鏡はいわゆる「愛人関係」にあったと考えられていたのです。

## ❖藤原氏の貫いた無理

しかし、いくら「愛人関係」にあったからといって、称徳女帝はどうして、そんな突拍子もないことを考えたのでしょうか。

**いや、称徳女帝は必ずしも「天皇制」を絶対視していたとは思えないふしがあります。**

そのことを、当時の歴史情勢で見ていきましょう。

称徳女帝は、あの奈良の大仏を創建した聖武《しょうむ》天皇と、初めて臣下の出身で（皇族ではないのに）皇后となった光明皇后の間に生まれた娘です。

当時、皇族でなければ皇后になれないという不文律がありました。というのは、天皇が急死した場合、皇后が女帝となって位を継ぐというケースも考えられるからです。その時もし皇后が皇族出身でなかったら、「臣下」の天皇が出現してしまうことになります。

ところが藤原氏は、自分の一族の出身である光明子《こうみようし》を、ゴリ押しで皇后の座に押し上げました。これに反対した皇族の長屋王は、デッチ上げの罪で死を賜りました。すなわち殺されたのです。

ところが、無理なことには反動が来ます。

聖武と光明の間には結局男の子が生まれなかったのです。いや、実は一人生まれたのですが、わずか二歳で病死してしまいました。

そこで、聖武と光明は、阿倍内親王（後の孝謙・称徳）を女性の身で皇太子にしました。ちなみに日本で女帝は他にもいますが、女性で皇太子になったのはこの人だけです。あとの女帝は皇太子を経ずして即位した人ばかりなのです。

これも、藤原の直系に天皇家を継がせるという、極めて無理なことを貫いたためです。

従って、皇族でも藤原氏の直系でない者は次々と粛清されることになります。

聖武には男の子が一人もいなかったわけではありません。犬養氏の妃が生んだ皇子が一人いましたが、この人は十七歳で不可解な死を遂げています。病の床に伏して、わずか二日で急死するのです。

船《ふねの》王、黄文《きふみ》王、道祖《ふなど》王など有力な皇族が次々と流罪にされ、あるいは処刑されました。

そして、即位した阿倍内親王はいったんは孝謙女帝となって政治を行ったあと、大炊《おおい》王に位を譲りますが（淳仁《じゅんにん》天皇）、孝謙はこの淳仁帝の政治が気に入らず淡路へ島流しにして、また即位します。同じ人物が二度即位することを重祚《ちょうそ》といいますが、その重祚後は称徳女帝と呼ぶのです。

## ❖血統より徳を重んじた女帝

称徳は道鏡のこと以前にも、藤原仲麻呂と男女の関係にあったとされています。女帝であるがゆえに、称徳は結婚する相手がいません。

これまでの女帝は、ほとんどが前天皇の未亡人であり幼い子を抱えているケースが多かったのです。

ところが称徳は違います。藤原氏の血族で天皇位を独占するという野望の中で、女性の身でありながら皇太子とされ、天皇になったのです。

そういう意味では気の毒な人といえるかもしれません。

しかし、一方で彼女は移り気なヒステリックな性格でした。一度は位を譲った淳仁天皇を流罪にしたのもそうですし、仲麻呂を捨てて道鏡に走ったのもそうです。怒った仲麻呂は乱を起こして敗死します。

また、その一方で称徳は次々と有力な皇族を滅ぼしてしまいます。気が付くと、当時の人々の考えで「天皇になれる」という候補はすべて姿を消していました。

称徳は自分の家すなわち天皇家を誰に継がせるか、真剣に考えざるを得ませんでした。

その時、浮かんだのが、海の向こうの事情であったと、私は推測しています。**海の向こうでは、王家にとって大事なのは血統よりも「徳」です。**ある王家が何代か続いた後に滅ぼされ、別の王家に乗っ取られます。それは現代の目で見れば単なる乗っ取りですが、当時の人はそうは考えませんでした。**前の王朝の徳が衰えたから、新しい徳の持ち主に取って替わられたと思っていたのです。**また、戦争という乱暴な手段をとらずに、徳のある人物に王が位を譲るということもあります。これを「禅譲《ぜんじょう》」といいます。

称徳女帝は、自らを「皇帝」と称したほど中国かぶれの人物でした。彼女が当時の最先進国である中国（唐）のことをいろいろと勉強していた形跡はいくらもあります。

おそらく女帝が、こういう歴史的経緯と中国かぶれという二つの側面から、「いまの皇族にはろくな人間がいない。それよりも徳のある道鏡に位を譲った方が、世の中はよくなる」と思ったとしても、何の不思議もありません。

## 孝謙天皇系図

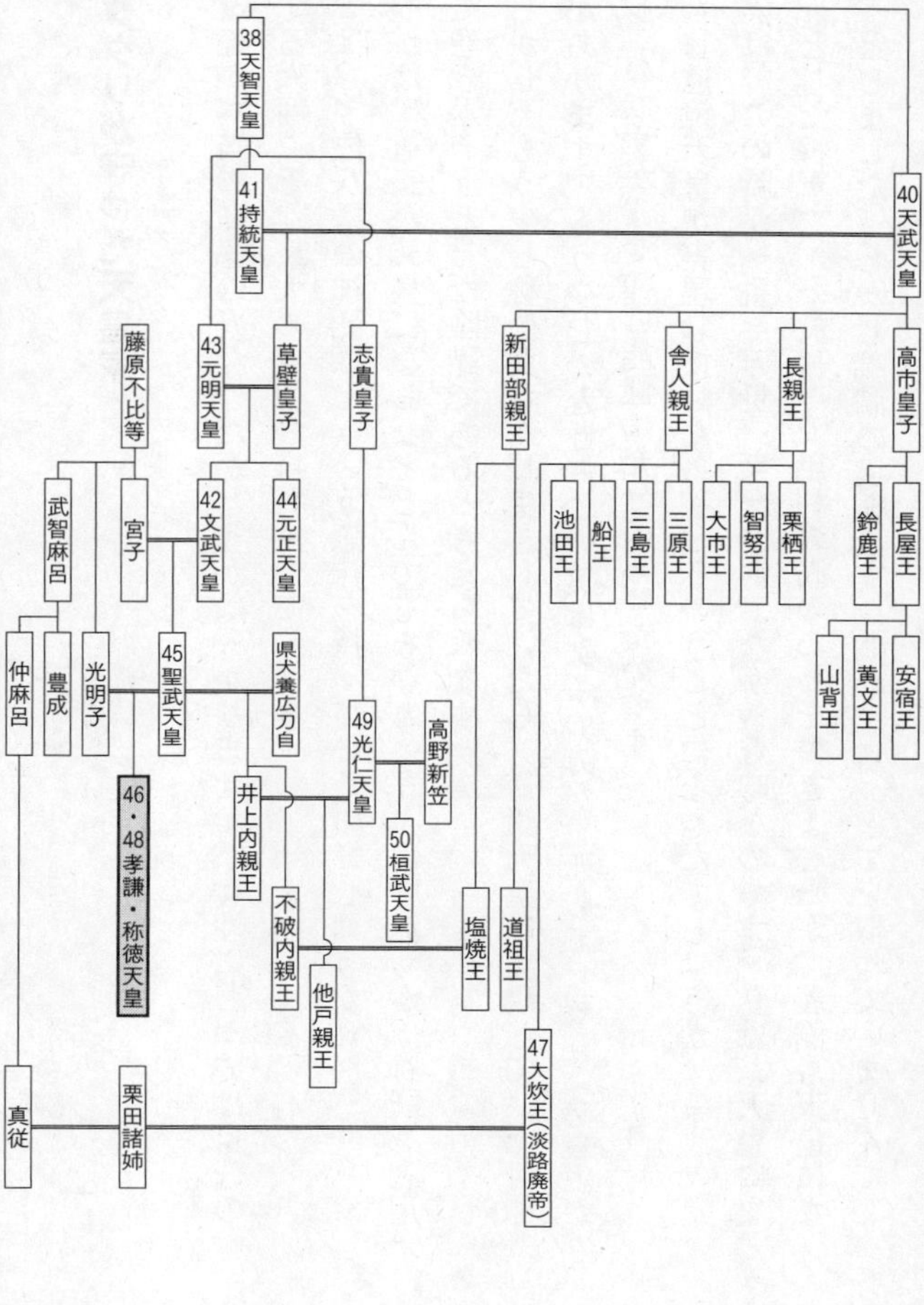
38天智天皇
40天武天皇
41持統天皇
43元明天皇
草壁皇子
志貴皇子
新田部親王
舎人親王
長親王
高市皇子
藤原不比等
武智麻呂
宮子
42文武天皇
44元正天皇
池田王
船王
三島王
三原王
大市王
智努王
栗栖王
鈴鹿王
長屋王
仲麻呂
豊成
光明子
45聖武天皇
県犬養広刀自
49光仁天皇
高野新笠
山背王
黄文王
安宿王
46・48孝謙・称徳天皇
井上内親王
50桓武天皇
不破内親王
他戸親王
塩焼王
道祖王
47大炊王(淡路廃帝)
真従
栗田諸姉

## ❖タタリが守った天皇家

道鏡が本当に高徳の人だったかどうかは分かりません。女性にとっては自分の愛する人間こそ、最大の「徳の持ち主」でしょう。

では、宇佐八幡の神託はどういう意味を持っているのでしょうか。

それは、道鏡が天皇になるなどとんでもないという「保守派」が、神託を利用して巻き返そうとした陰謀であると考えられます。

しかし、もう少し称徳女帝が長生きしていたら、道鏡天皇は実現していた可能性があります。もう少しのところで、実は女帝の方が急死してしまう（暗殺説がある）のですが、その可能性は充分にあったのです。

もし道鏡天皇が実現していたら、どういうことになったでしょうか。

実は、この時が一番「万世一系」があぶなかった時なのです。私は『天皇になろうとした将軍』（小学館刊）で足利義満のことを書きましたが、義満も天皇になろうとしました。しかし義満の場合は天皇側の了解（?）を取っていませんでした。

了解を取っていたのは、この時だけだったのです。

ここで初めの疑問に戻りますが、歴代の日本の権力者はどうして天皇家を滅ぼして自分が天皇になろうとしなかったのでしょうか。

それはおそらくタタリを恐れたからだと思います。**日本人の血統信仰の頂点にあるのが天皇家であり、この神聖な家系に手を出せば、どんなタタリがあるかと恐れたからでしょう。**

しかし、天皇側が天皇位を渡すことに同意しているのなら、タタリはありません。タタリというのは、あくまで無理矢理奪った場合に残るものです。

ですから、もし称徳女帝が道鏡に天皇位を譲渡していたら、それは一つの有力な前例となって、後代の歴史に大きな影響を与えていったでしょう。

ルールというのは、例外があってはいけません。例外を一度でも認めれば、次々と認めなければならなくなります。

その意味で、これが実現していたら、「万世一系」はありませんでした。

もちろん、道鏡天皇は一代限りで終わったでしょうが、それ以後「天皇」というものは神聖さを大きく損なわれ、平清盛、足利義満、織田信長あたりが、実際に天皇に即位するという、一種の中間型皇帝制のようなものに変貌していた可能性があるのです。

ちなみに、現在の私は道鏡と女帝の「愛人関係」は実際には「無かった」と考えています。そのことについては『逆説の日本史3古代言霊編』(小学館刊)を見て下さい。

# 第二十一章

# もし平将門の乱が成功していたら

## ❖土地を私有地化させた三世一身の法

前にも述べましたが、**日本の平安時代というのは、まさに名ばかりのものであり、全国の治安は乱れに乱れ、庶民にとっては最も暮らしにくい時代でした。**

なぜ、そうなったのでしょうか。

原因は、はっきりしています。

**平安貴族、特に藤原摂関家《せっかんけ》が、日本という国を私物化していたからです。**

これはまさに私物化です。

というのは、荘園制度というものがあったからです。

荘園というのは貴族や有力寺社の私有地です。ただ、現代の私有地と大きく異なる点は、税金を一切払わなくていいという特権が付随していることです。

もともと奈良時代から平安にかけて、日本の土地は公有（国有）でした。俗に言う公地公民制です。

しかし、人口増加など種々の原因で耕地が不足したために、政府は開墾をすれば三代に限り、土地を私有することを認めました。これが三世一身《さんぜいっしん》の法です。

これが平安政府（天皇家）没落の始まりでした。

法律というものは例外を作ってはいけないのです。

あっという間に、三世一身の法の次は墾田永代私有令になりました。

つまり自分で開墾した土地は、永代（永久）に私有地にできるということです。

当初、墾田は免税地ではありませんでした。しかし、それも藤原氏が法律の抜け穴を見つけ出して、免税地に変えてしまいました。具体的に言えば、国家に功績のあった者に与えられる功田《こうでん》や、天皇が恩賞として与える勅旨《ちょくし》田が免税であることに目を付け、いわば「地目の変更」を行ったのです。

## ❖藤原家の繁栄と国家財政の破綻

こうして、免税特権のある私有地がどんどん増えていきました。

政府高官である藤原一族が、その権力を利用して、国有地の私物化を始めたのです。たちまち課税対象の土地が激減してしまいました。

しかも、これを見ていた地方地主の中には、目端のきく者がいて、自分の土地を藤原氏に「献上」して、名目上の所有者になってもらい、自分は「代官」として免税の特権を謳歌《おうか》する連中がでてきました。

言うまでもなく、この「献上」は名目だけのことです。いわば、藤原氏は「名義貸し」をするわけです。一方、「代官」は「名義借り料」を払います。もちろん、それはリーズナブル（?）な額です。少なくとも税金を払うよりは、はるかに安い金額です。

現代でも、一定の手続きと手数料で、自分の土地が免税になるなら誰もが同じことをするでしょう。しかも、この時代には、法人税も物品税も消費税もありません。国家の財源の九割以上が土地の農業生産に対する税（年貢）です。免税地が燎原《りようげん》の火のように広がっていけば、国家の税収は限りなくゼロに近づいていきます。

そして結果として、そうなりました。

国の財政は破綻したのです。

それに対して、藤原氏や有力な寺社だけが、免税の特権を生かして富み栄えま

**荘園制度**

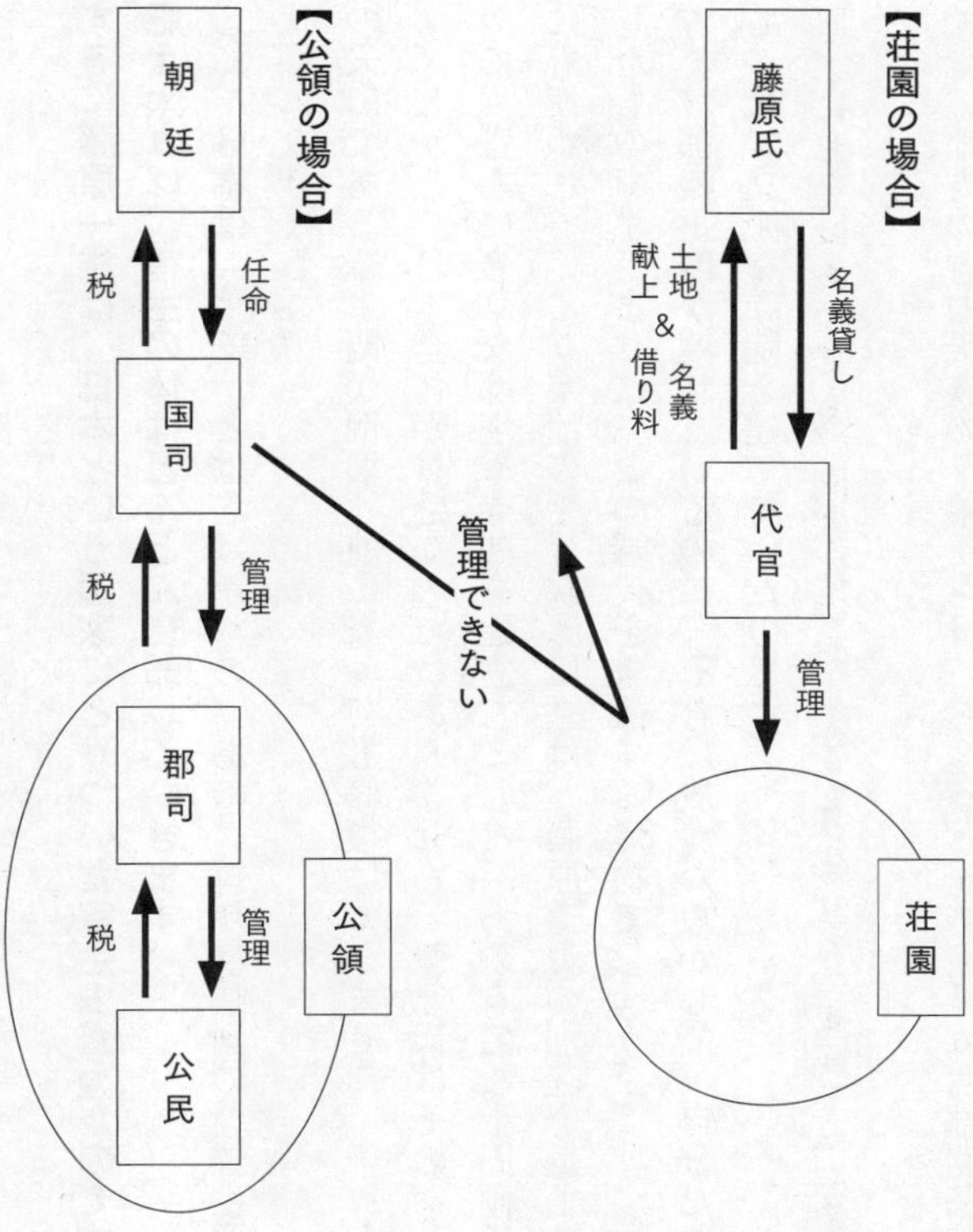
【公領の場合】
朝廷
任命
税
国司
管理
税
郡司
管理
税
公民
公領
管理できない
【荘園の場合】
藤原氏
名義貸し
土地献上＆名義借り料
代官
管理
荘園

した。

**要するに藤原一族は、日本という国家にとりついた寄生虫だったのです。寄生虫が肥え太れば、宿主の体はどんどん衰弱していきます。**

そして、日本は「平安」とは名ばかりの、あのクロサワ映画の『羅生門』のような状態になりました。

都の入口である羅生門が倒壊寸前になっても修復はできません。予算がないからです。しかし、日本全体が貧乏なのではありません。藤原氏はそのあり余る富を使って、盛んに豪華な邸宅や寺院を建立《こんりゅう》しました。あの有名な十円硬貨のデザインにも使われている、宇治の平等院鳳凰堂は、藤原道長の別荘を息子の頼通が寺にしたものです。まさに、この時代を象徴する建物でしょう。

一方で首都の正門が壊れているのに、それは放ったらかしで、自分たちだけは金にあかせて立派な寺院を建てていたのです。

藤原家にお金はあっても、国家にはお金がありません。当然、治安も乱れます。

そこで、地方の有力氏族の子弟たちは、ちょうど、アメリカ西部開拓時代のカ

平等院鳳凰堂

ウボーイのように、自らの手で自らを守る気風を身につけました。サムライとガンマンには共通性があるのです。だからこそ、クロサワ映画がマカロニウエスタンになっても、それほど違和感は感じないのです。

まあ、それは余談ですが、それゆえ武士（サムライ）というものは、カウボーイと同じように開拓地主でもありました。最初のうちは彼らも藤原氏に従っていましたが、そのうち従うことをだんだんとバカらしく思うようになりました。

それは当然です。

藤原氏は寄生虫です。自分のことしか考えていません。国が乱れようが都が荒れようが、自分たちだけが栄えればいいという連中です。

## ❖平将門の反乱

こんな連中にどうして頭を下げる必要があるのか。自分の土地は自分のものにすればいいのだ。武士たちの中にはそのように考える人びとが出てきました。

しかし、いくらそう思っても実行に移すのは難しいものでした。藤原氏の天下といっても、それは実質上のことで、名目の上では日本はあくまで天皇中心の律令国家です。その天皇から政治の全権を委任された摂政《せっしょう》・関白が、実際の政治を執り行うというのが、藤原摂関政治なのですが、この政治に反旗をひるがえすことは、名目の上では「天皇に対する反乱」になってしまいます。

ですから、いかに藤原氏の行状が腹に据えかねても、兵を挙げようという人間は、なかなか出現しませんでした。

その先駆けが平将門《たいらのまさかど》なのです。

将門は桓武《かんむ》天皇の五世の孫ですが、既に数代前から関東に土着して、地方武士の棟梁になっていました。

そういう人間の目から見ると、当時の政治は矛盾だらけです。世の中を変えるには武士、つまり在地地主が、在地地主のための政治をすべきだと考えたというわけです。

もっとも一足飛びにそこまでいったわけではありません。将門も初めは上京し、藤原氏に取り入るということも試みています。

しかし、そのうちに、これでは結局世の中は変わらないと思うようになったのでしょう。

ついに、天慶《てんぎょう》二年（九三九）、坂東《ばんどう》（関東）八か国の独立宣言を京へ送り、自らは新皇と称しました。

都に対して公然と反旗をひるがえし、関東独立国を樹立したのです。世に言う「平将門の乱」がこれです。

実はこの反乱は一年余りで鎮圧されます。ですから、それほど大規模なものではなかったという印象があるかもしれませんが、それは違います。

将門が討たれたのは、朝廷軍との戦闘中に突然風向きが変わって馬が棹立《さおだ》ちとなり、そこへ矢（藤原秀郷《ひでさと》の放った矢といわれる）が飛来し将門を倒したからです。いわば、不幸な（朝廷側にとっては幸運な）アクシデントによるものだったのです。

**反乱軍は、この不幸な事故さえなければ、もっと長続きしたに違いありません。いや、京を陥落させていたでしょう。**

そういうと驚く人がいるかもしれませんが、反乱は関東の地だけで起こったのではありませんでした。四国では海賊の藤原純友《すみとも》が反乱の兵を挙げ、都に迫っていたのです。

歴史について深い造詣を持つ海音寺《かいおんじ》潮五郎《ちょうごろう》氏は次のように述べています。

「二人（将門と純友）の威勢の最盛期には、京都朝廷は実に危なかった。一髪千鈞《いっぱつせんきん》を引くの危さであったと言ってよい。もし将門がもう一〇日亡びなかったら、純友は京に攻め上り、京都朝廷は瓦解《がかい》していたことは確かである」（『悪人列伝』文春文庫）

## ❖源頼朝に引き継がれた将門の夢

将門と純友が共同謀議をしたという証拠はありません。しかし、少なくとも純友は将門の反乱を見て兵を挙げたことは確かです。そして京へ入城する一歩手前まで行きながら、将門の敗死の報が入ったためか、一転して引き返しているのです。

もし将門が不幸な戦死を遂げなければ、純友は当然京を押さえ、将門と同盟を結んでいたでしょう。在地地主のための政権を樹立したはずです。

これに対して藤原氏は、国には軍隊がいない（予算もない）から、地方の有力武士に命じて、二人を討ち取ろうとするでしょう。

どちらが勝つか、軽々しくは言えません。しかし、将門が在地地主の立場を守る姿勢を貫いてゆくなら、武士たちは最後は将門の下につくことになります。つまり武家政権というものが、二五〇年ほど早く成立したことになるでしょう。

ちなみに将門の夢は、平清盛を経て源頼朝によって実現されました。頼朝の作った幕府なるものは、天皇は滅ぼさずに、その天皇から関白ならぬ征夷大将軍という職をもらって、その権威のもとに日本を実質的に支配するというものです。

ただし、**藤原氏との決定的な違いは、その政治が「在地地主による、在地地主のための政治」であるということでした。**

# 第二十二章

# もし源頼朝・義経兄弟が平家に殺されていたら

## ❖平氏政権は「公武合体」だった

日本国の「寄生虫」藤原摂関家が、在地地主である武士たちに政権を奪われた——これが鎌倉幕府の成立という日本史上の最大級の事件の意義です。

前章でも述べたように、この鎌倉幕府は「武士の、武士による、武士のための」、言葉を換えて言えば「在地地主のための」政権でした。

ですから、結果的には、どんな妨害があっても、必然的な歴史の流れの中で、こういう政権は成立したに違いありません。

しかし、その立役者である源頼朝・義経の兄弟コンビが、もし平家の手によって殺されていたら、武家政権はかなり変則的な形で成立していたでしょう。

そのことを少し考えてみましょう。

実は、兄弟が殺される可能性はかなり高かったのです。

平治の乱（一一五九）において、兄弟の父、源義朝《よしとも》はライバルの平清盛に敗れました。

これは朝廷政治のもとで、だれが実質的支配権を握るかを争った一種のクーデターで、義朝も清盛もそれぞれ天皇や上皇の旗の下に戦ったのですが、その結果軍事力を持つ武家の力が、朝廷の勢力を圧倒するようになりました。

そして、出来上がったのが「平氏に非《あら》ずんば人に非ず」の平氏政権です。

しかし、この政権は、平氏の棟梁である清盛が太政《だじよう》大臣となって権力をふるう、というもので、純然たる武家政権とは言えません。確かに清盛は武家出身としては初めて太政大臣になりました。そういう意味では、「武家」政権なのですが、太政大臣として政治を行うことはそれまでの藤原氏のスタイルと同じです。しかも清盛の支配は全国津々浦々に及んだものでもありませんでした。北には『炎《ほむら》立つ』の奥州藤原氏が頑張っていましたし、平家が知行（支配）している国は天下六〇余国のうちの三二か国に過ぎませんでした。

**いわば、清盛の政権は一種の「公武合体」的な政権であり、武士の完全な支配への過渡的なものだったのです。**

**それを完全な形で完成させたのが頼朝であり、その後を継いだ北条氏なのです。**

## ❖二人の女性に命を救われた頼朝、義経兄弟

ところが話は前に戻りますが、頼朝、義経兄弟の父、源義朝は、政権争いのクーデターで清盛に負け、敗走の途中家来の裏切りにあって殺されました。そして幼い兄弟は、それぞれ別のところで平家の兵に捕まり、京へ護送されたのです。

こういう時、世界の歴史では、必ず子供たちを殺します。残酷ではありません。そうしておかなければ、男の子は成長すると必ず父の仇《かたき》を討とうとするからです。クーデターに負けた側の男の子は皆殺しにされるのが、世界の常識なのです。

ところが、清盛はそうしませんでした。

もちろん、義朝の長男悪源太義平《あくげんたよしひら》は捕らえて首をはねました。しかし、頼朝は少年、義経に至ってはまだ幼児です。

ここに、頼朝にとって、天の救いとも言うべき女性が現れました。清盛の義母池《いけ》の禅尼《ぜんに》です。

池の禅尼は、頼朝が、かつて早死にさせた自分の孫によく似ていると聞き、矢も楯もたまらず清盛に命乞いしたのです。

もちろん、清盛も容易に応じませんでした。そんなことをすれば危険だからです。しかし、池の禅尼は怒り泣きわめいて清盛にせまったようです。とうとう清盛は頼朝を流罪にするだけで命を助けました（結果は、頼朝が平家一門を滅亡させたわけですから、池の禅尼は平家の滅亡の引き金を引いたことになります）。

義経については、義経の母の常盤御前《ときわごぜん》の嘆願が大きいものでした。常盤は義朝の側室であり義経（牛若丸）のほか二人の息子を生んでいます。その三人の幼子の命を助けることを条件に、夫の仇である清盛に身を任せたのです。

このことは、あまりドラマや小説では語られませんが事実です。常盤は、清盛との間にも子をもうけています。ただ、女の子だったので歴史にあまり影響はありませんでした。

どうして、清盛は常盤の願いを聞き入れたのでしょうか。それは常盤が絶世の美女だったからです。

このことは、『平治物語』にもはっきり書いてありますし、義朝も大勢の女性を愛した男ですが、複数、それも三人もの子供を生ませている側室は常盤だけなのです。あとはすべて一人の子供を生ませているだけです。

頼朝は後に相当な色好みに成長していきますが、その父義朝も、なかなかお盛んな男でした。今日の言い方で言えば「プレイボーイ」でした。そのプレイボーイが、自分のルールを破って三人もの子供を生ませたのです。そして、清盛も、その色香に負けて、義朝の遺児を助命したのでした。こんなに危険なことはないというのに。

これも、常盤がいかに美女だったかを示す事実でしょう。

つまり、頼朝、義経兄弟の命が助かったというのは、極めて個人的な事情に基づく偶然なのです。中国や西洋なら、必ず殺されています。日本でも戦国時代以降はそうなっていきます。

ですから、この二人が助かったのは、奇跡と言ってもいいでしょう。順当に行けば二人の命は絶対に無かったのです。

義経像(中尊寺蔵)

## ❖武家政権の担い手「朝日将軍」

池の禅尼の嘆願も無く、常盤も美女でなかったら、兄弟は殺されていました。するど、平家は倒されなかったのでしょうか。

いや、それは歴史の流れから見て、あり得ません。時代は、本格的な武家政権を求めていました。

では、その担い手はだれでしょうか。

ここで、木曾義仲という男の存在が大きく浮かび上がってきます。

歴史の上でも、京都に最初に入った「源氏」は、頼朝でも義経でもなく、木曾義仲でした。

もちろん木曾と名乗っていますが本姓は源氏であり、頼朝とはイトコ同士です。

治承《じしょう》四年（一一八〇）平家の専横に怒った源三位《げんざんみ》頼政《よりまさ》（源氏の一族で初めて従三位まで昇進したので「源三位」と呼びます）が、皇族の以仁王《もちひとおう》に平家追討の令旨《りょうじ》を出してもらい、これを諸国の源氏に伝えました。

頼朝も義仲も、この令旨を受けて、立ち上がりました。それが史実です。

しかし、頼朝がもしいなかったら、諸国の武士は義仲を盟主にしたでしょう。頼朝は源氏の嫡流（長男の家系）ですが、義仲はそうではないですから、頼朝が生きていたら血統では彼にかないません。実際、本当の歴史はそのような経過をたどりました。ですが、本当の歴史でも義仲の方が先に平家と戦って勝ち、京へ入っているのです。そのあとになって勢いを失い、頼朝にやられたのでした。

ですから、頼朝さえいなければ、彼は文字どおりの「朝日将軍」（平家に勝ったとき、朝廷からもらった称号）であり、武門の棟梁になることができたでしょう。

ただ、西へ逃げた平家を追って、それを滅亡させることができたかというと、かなり疑問があります。

と言うのは、平家は西国に根拠地を持ち水軍を持っていたからです。

実際の歴史でも、頼朝は平家を倒すのに、かなり苦労しています。初めは弟の範頼《のりより》を派遣しましたが、らちがあきませんでした。平家の撲滅は、軍事の大天才義経によって初めて成功したのです。

この義経がいなければ、平家はああも簡単にはやられませんでした。いやむしろ、西国に勢力を温存し、しぶとく生き残ったでしょう。

## ❖政治的センスが分けた二人の明暗

では義仲はどうしたのでしょうか。

彼は「木曾の山猿」であり、美男ではありましたが（当時の記録にある）、ビジョンは持っていませんでした。

頼朝のように、幕府を創設するところまで、一気に行くということは難しかったのではないでしょうか。

しかも、頼朝には、舅《しゅうと》である北条時政や大江広元のように、武家政治の骨格を作るためのブレーンがいましたが、彼にはいません。

もっとも、天下を取れば、そういう人材は集まってくるものだ、とは言えます。

しかし、木曾義仲には頼朝のような政治的センスはありませんでした。

頼朝は随分早くから、武家の独立政権ということを考えていて、そのために京には行かず鎌倉にとどまり、官位の昇進もめざしません。弟義経との仲が悪くなったのは、義経が勝手に朝廷から官位をもらったからです。**これは武家の賞罰権を一手に握り、そのことによって政権を維持しようとしていた頼朝の努力を無にする行為です。**ですから頼朝は激怒しました。もちろん、朝廷側もそれが分かっていて義経に高い官位を与えたのです。

頼朝は後に、朝廷の主の後白河法皇を「日本国第一の大天狗」と罵倒しています。つまり、煮ても焼いても食えない「狸親爺」ということです。

その「大天狗」に対抗するためには、義仲はあまりにも純朴であり、政治的センスがありませんでした。彼の兵士が京の市中で乱暴狼籍《ろうぜき》して人気が一気に落ちたことも、彼の政治的センスの無さを物語るものです。たとえば織田信長はそんなことは絶対にさせませんでした。

ですから、義仲には「幕府」を作るだけの力量はありません。朝廷と妥協し、東国の領土を増やすのがせいぜいでしょう。すると、日本は京の朝廷をはさんで、源氏と平家の「東西朝時代」になっていた可能性が高いのです。

# 第二十三章

# もし足利尊氏が後醍醐天皇に敗れていたら

## ❖武士が倒した武家政権

在地地主による在地地主のための政権、鎌倉幕府は、元弘三年（一三三三）に滅びました。

滅びたのはさまざまな原因がありますが、一言で言えば命脈が尽きたとしか言いようがありません。

鎌倉幕府は源頼朝によって創始されましたが、源家は三代にして滅びました。しかし、幕府は「大番頭」北条氏によって命脈を保ちました。

北条氏は、ちょうど平安政府における藤原氏のように、形式的には代理人ながら、実権を握るという形で権力を維持しました。

**その政府が長持ちしたのは、在地地主による在地地主のための政権という原則を貫いたからです。**

鎌倉幕府に忠誠を尽くせば、その分必ず見返りがある。これが「御恩と奉公」という原則です。そして自分のために命を懸けて働くことを「一所懸命《いっしょけんめい》」といいます。一つの所（土地）に命を懸けるということです。一生懸命の語源です。

鎌倉幕府が成立したのは、日本を実質的に動かし生産の主体でもある武士が、自前の政権を作ったということで、今から見れば歴史的必然なのですが、当時の人々とくに平安貴族たちは、そのようには考えませんでした。

むしろ、武家の政権を「悪」と見たのです。

確かに法律上は、日本はあくまで律令国家であり、律令国家の建前から言えば、幕府というのはあくまで変則的な軍事政権である、ということになります。

しかも、大陸から入ってきた朱子学は、天皇や周辺の貴族たちの「幕府とは悪だ」という信念を強化しました。

**朱子学は南宋の朱子（朱熹《しゅき》）が集大成したもので「正義と悪」ということに、とことんこだわる哲学です。この考え方を日本に当てはめれば、日本の正統なる王者は天皇家であり、幕府が日本を統治しているのは、悪である、ということになります。**

後醍醐天皇は、こういう信念のもとに、倒幕を決意しました。

しかし、皮肉なことに天皇家（平安政府）は自前の軍事力を持っていません。

平安政府はとっくの昔に軍備を撤廃してしまっていたのです。

ですから、倒幕にも武家の力を借りるほかはありません。そもそも幕府は、武士のための政権です。本来なら武士たちが、その政権打倒に協力するはずはありません。

しかし、実際には、幕府は、後醍醐天皇の呼びかけによって立ち上がった武士たちによって倒されました。

これは一体どうしてでしょうか。

鎌倉幕府が北条氏の専制体制となり、必ずしも武士全般の利益を守るものではなくなっていたからです。

「何のための鎌倉殿ぞ」という言葉が、当時流行したようです。武士のための政治をしてくれるはずの幕府が、何もしてくれないという不満を述べたものです。

こうなると、北条氏がもともとは「番頭」に過ぎないということも、マイナスに作用しました。足利尊氏や新田義貞といった源氏の一族が「われわれこそ幕府の主たるにふさわしい」と考えるようになったからです。

こういう不平武士の力を天皇が糾合することによって、幕府は倒されました。

## ❖朝廷対立を逆手に、天下をとった尊氏

しかし、武士が天皇を支持したのは、幕府の屋台骨が腐りきっていたからで、かつての平安政府のやり方に戻りたいと思ったわけではありません。そんなことは彼らにとって、絶対に許すべきことではありませんでした。

しかし、このことが全く分かっていなかったのが、後醍醐天皇と側近の公家たちです。

彼らは、まさに、復古政治をしようとしていました。

武士たちを、あくまで脇役として扱い、決して政治の中枢に入れようとはしませんでした。

これでは、武士が怒るのも無理はありません。

武士たちは、足利尊氏を盟主に、後醍醐に反旗をひるがえしました。しかし、武士側も決して一枚岩ではありませんでした。

まず朱子学、つまりイデオロギー上の理由から、あくまで天皇に味方するのが

正しいと考えた者がいました。数はあまり多くありませんが、楠木正成《くすのきまさしげ》がその代表です。

また、足利尊氏に対する反対派もいました。武士の盟主に尊氏がなるのは反対だ、という人々で、新田義貞がその代表です。

この楠木・新田連合軍と足利尊氏率いる武士たちが、日本の覇権をめぐって激突しました。

歴史は足利尊氏の勝利を告げています。

ですから尊氏はすんなり勝ったと思われがちですが、それはとんでもない誤解です。

尊氏は一時、朝廷軍（楠木・新田）に押しまくられ、敗北寸前まで至ったのです。

特に重大な岐路になったのは、建武三年（一三三六）に京、摂津で行われた朝廷軍と足利軍との一大決戦です。

この決戦に尊氏は敗れました。それも完膚《かんぷ》なきまでの大敗北でした。

尊氏は命からがら西へ向かって逃げました。

本来なら、この時、足利尊氏の名は歴史から消えるはずでした。

しかし、尊氏は奇跡ともいうべき大復活を成し遂げました。それは、九州、西国の武士が尊氏に味方したことと、尊氏が光厳上皇《こうごんじょうこう》から院宣《いんぜん》（上皇の命令）を下してもらい、「官軍」になったことが、理由です。

南北朝の対立は、既にありました。

光厳上皇とは、鎌倉幕府方についていたため後醍醐の勝利とともに隅に追いやられていた上皇です。尊氏は、これを利用して、自分の朝廷に対する「反乱」を上皇の命令による正式な討伐だと認定してもらったのです。

こうして、尊氏は大復活を遂げ、再び近畿に攻め上ります。そうして、兵庫の戦いで、楠木正成を討ち、新田義貞を敗北させ、ようやく天下をとることができたのです。

逆に言えば、この「奇跡」がなければ、尊氏は歴史の闇の中に消えていたでしょう。

## ❖朝廷軍だった「新田幕府」の可能性

では、もしこの時、朝廷軍がうまく立ち回り、尊氏を敗走させるだけでなく、その首をあげていたとしたら、その後の歴史的展開はどのようになったでしょうか。

当然、室町幕府は存在しません。

さまざまな不満を持つ武士たちを一つにまとめあげることのできるのは、尊氏だけで、これは弟の直義《ただよし》でも無理です。

朝廷軍が勝つということは、正成か義貞、あるいは北畠顕家《きたばたけあきいえ》が勝つ、ということですが、この中で尊氏の首を取る可能性が最も高いのは、朝廷軍の中で最大の勢力である義貞です。

しかし、誰が勝とうと、どんなに手柄をたてようと、後醍醐は武士階級の者を征夷大将軍にするつもりはありません。現に、尊氏も将軍職を望みましたが、後醍醐が頑として許さなかったので、ついに反旗をひるがえしたのです。

新田義貞像（府中市）

後醍醐からみれば、武士の代表者を征夷大将軍に任ずれば、その者は必ず幕府を開こうとするでしょう。そうなってはせっかく建武の新政を始めた意味がない、と思っていたのです。

そこで、いかに義貞が大成功をあげても、将軍にはなれません。なるとしたら、公家出身の北畠顕家しかありません。

ですが、そもそも後醍醐は、武士階級がどういう不平不満を抱いているのか、決して理解しようとしていないですし、周辺の公家も同じです。

ですから、尊氏が死んでも、あちこちで反朝廷の乱が起こるでしょう。政権は決して安定しません。するはずもないのです。そもそも武士を無視した政権など成り立つはずがないのです。

おそらく義貞は、そのうちに尊氏と同じように「反乱」を決意するはずです。

彼は、源氏の一族であり、将軍になる資格は十分にあります。

また、彼が在地地主である武士階級の権益を保護することを「公約」としてかかげれば、大半の武士は義貞に味方するはずです。

もっとも楠木正成は、朱子学というイデオロギーの信奉者ですから、最後まで天皇に味方するでしょう。しかし、こういう武士はごくごく少数です。
順当にいけば、必ず武士階級の代表者、つまり義貞は勝つはずです。
義貞は尊氏のように甘い男ではありませんから、後醍醐があくまで逆らえば、鎌倉幕府の故事にならって、後醍醐を佐渡あたりへ島流しにするでしょう。正成、顕家はそれまでに当然、強大な義貞軍と戦って死んでいたに違いありません。

かくて新田幕府ができることになります。
幕府の拠点は、義貞の性格からみて京都ではなく鎌倉に置かれることになるでしょう。

**後醍醐を島流しにしたため、政権は安定し、天皇家は通常の歴史より一足先に、権威のみを象徴する存在になります。**

通常の歴史における「戦国時代」は、足利幕府の統制力が弱く、大名が勝手に動き始めたために起こりました。

**新田幕府は足利幕府よりは統制力が強いものとなります。それゆえに、戦国時代の到来は少し遅くなるでしょう。**

遅くなるということは、結局、旧勢力の大名が、力を終わりの方まで維持するということになりますから、ひょっとすると織田信長や豊臣秀吉、徳川家康の出番はなかったかもしれません。

# 第二十四章

# もし足利義満が天皇になっていたら

## ❖最愛の息子を天皇にしようとした男

室町幕府の三代将軍、足利義満が天皇になろうとしたことは、いまでこそ日本史の常識になってきましたが、戦前は決してそうではありませんでした。むしろそのことは、ひた隠しにされていたといっていいでしょう。

言うまでもなく、そんなことを事実として認めれば、「万世一系」の天皇家という概念が崩れるからです。

正確に言えば、義満は自分は太上天皇《だいじょうてんのう》（上皇）となり、最愛の息子・義嗣《よしつぐ》を天皇にしようとしたのです。

義満の皇位簒奪《さんだつ》計画は、あと一歩で成功するところまできていました。

義満の妻は天皇の准母《じゅんぼ》となったのです。

自分の妻が天皇の「母」になれば、自分は天皇の「父」ということになります。

しかも、義満は息子の義嗣を親王《しんのう》（天皇の息子）と同じ待遇で元服させました。

宮中で「立太子」の形をとったのです。

しかも、義満は、それまで絶えていた中国との国交を回復させ、「日本国王」の称号を中国皇帝からもらっていました。

**つまり、対外的・国際的には、日本の「元首」は既に義満だったのです。**

**あとはそれを国内の地位と一致させるだけです。**

それも義嗣の「立太子」が終わった以上、あとは最後の段階として「天皇退位」があればいいのです。

当時の、後小松《ごこまつ》天皇が退位さえしてしまえば、自動的に義嗣に天皇の座が転り込むことになります。

「皇太子」は義嗣しかいなかったのです。

後小松天皇に自発的に退位させるもよし、あるいは「急死」させてしまうことも考えられないではありません。

この件に関しての詳しい考察は、拙著『天皇になろうとした将軍』(小学館刊)を見て頂いた方が早いですが、かいつまんで経過を述べてますと次のようになります。

義満は「生まれながらの将軍」でした。

父の二代将軍義詮《よしあきら》が早く死んだため、幼いころから帝王学の教育を受けており、将軍になったのは一一歳の時です。

そして、二五歳の時には早くも左大臣になりました。

このころ、どうやら義満は宮中の女官たちと大っぴらな愛人関係があったようです。

そういう空気の中で、ときの後円融《ごえんゆう》上皇が自分のお妃の一人を「峰打ち」にするという事件も起こっています。

この女性は後の後小松帝の生母です。この上皇の行為は、その生母の不倫行為を疑ってのことだと、されています。

これが本当にあったことだとしますと、後小松帝は義満との間の子という可能性もあります。

もちろん、遠い昔のことですから証拠はありませんが、そう疑える状況にあったことは確かです。

いずれにせよ、義満は当時の宮廷をも思いのままにしていたということは事実

足利義満（鹿苑寺蔵）

です。

義満はこのまま大権力者となり、南北朝合一という歴史的偉業を成し遂げています。

これは、今にたとえれば、アラブとイスラエルを恒久平和に導いたようなものです。

これは確かに、彼の大功績です。

このことで日本は半世紀近く続いていた戦乱に終止符を打てたのですから。

しかし、「オレはエライんだ」という彼の自信が、次第次第にふくらみ始め、「それならオレが天皇になってもさしつかえないじゃないか」というところまで、いってしまったのです。

## ❖義満急死のなぞ

しかし、あにはからんや、実際に急死したのは当の義満の方でした。

計画達成の寸前までいって、義満は突然死んだのです。

一応、病死ということになっています。

しかし、病気になってから死ぬまで、わずか五日しかなく、しかも、突然の発病で遺言すらなかったのです。

あやしい、と思うのは私だけではないでしょう。

**私は「天皇制」を守ろうとした人々が、義満に逆襲したのだ、と考えています。**

絶対的な権力者ほど往々にして、呆気なく暗殺されます。

シーザーがそうであり、日本で言えば、織田信長、大久保利通がそうです。

自分の権力を過信し、下の者を甘く見るのです。しかし、しょせん、人間は人間で、急所に短刀を一〇センチ突き込まれるだけで簡単に死んでしまうのです。

もっとも、義満の場合は、おそらく一服盛られたのでしょう。

毒殺はこの時代からあります。たとえば、義満の大叔父にあたる足利直義《ただよし》は、兄・尊氏の命令で毒殺されています。

これは「公式記録」ですが、古い時代にはもっと多くあったでしょう。一服盛ることは、今でも医師を抱き込めば可能です。ただし、検死されることがなければの話ですが。

## ❖足利天皇が成立しないわけ

このあと問題は、もし義満が急死しなかったら、どうなっていたかと言うことです。

まず言えることは、間違いなく義満の太上天皇就位、そして息子の義嗣の天皇即位は成功していたでしょう。

すなわち「足利」天皇の誕生です。

この時代は、天皇家の力が最も弱かった時期です。

それに対して義満は財力も権力もあります。

後小松天皇は、無理矢理位を譲らされ、おそらく上皇の礼遇も与えられず、寺にでも放り込まれたでしょう。

義満・義嗣親子は我が世の春です。

しかし、この体制は決して長続きしません。

話は戻りますが、義満が「急死」したのも、結局この国の中に、天皇家の永続性（万世一系）を断固として守らねばならないという、強い底流があったからです。

それが、天皇家に何らかの危機が訪れた際、フィードバックのような力として働くのです。

ですから、義嗣天皇も、義満上皇が生きている限りだったでしょう。

これにはもう一つ根拠があります。

同じく義満の息子で義嗣の兄である義持《よしもち》の存在です。

義持は父・義満の跡を継ぐ形で四代将軍になっていたのですが、彼は父と弟を憎んでいたのです。

なぜでしょうか。それは義満が晩年に生まれた弟である義嗣を溺愛していたからです。

義嗣が天皇になれば、義持はその下につかねばならないのです。

これは、それまでのようなお飾り的天皇ではありません。

権力と財力を併せもつ、超越的な存在です。ですから、義持はそれを許すことができません。それを許せば、弟の下につく「ただの将軍」になってしまいます。

実際の歴史でも、義持は父の死後、天皇家から義満へ「太上天皇号」つまり「名誉上皇」にするという申し入れがあったにもかかわらず、これを蹴っています。

皇族でも何でもない人間に、太上天皇号が与えられるということは、大変なことです。

前代未聞のことであり、大きな名誉でもあります。

それなのに義持はあっさりと断り、父の最愛の義嗣を追放し、後に殺しています。

それぐらい、義持と義満・義嗣親子は仲が悪かったのです。

従って、仮に義嗣天皇が成立していたとしても、義満が先手を取って、義持を排除しておかない限り、義満の死と同時に義嗣はその座を追われたでしょう。

すなわち足利天皇は一代（二代？）限りで終わったに違いありません。

## ❖かろうじて守られた「神聖度」

しかし、仮にそうだったとしても、後世に与える影響はかなり深刻なものがあったと思います。

**天皇家が、他の国の王室と一番違うのは「現人神《あらひとがみ》」であり、その家系にとって代わるということができない、ということです。**

この「できない」は「不許（ゆるさない）」であり、「不可能」であるということなのであり、それがゆえにさらに、「神聖」であるということになります。

しかし、足利天皇が仮に一年でも実現すれば、この原則は崩れたことになります。

いわば、天皇制は「キズモノ」になってしまうのです。

一度キズモノになると、その神聖度はいちじるしく損なわれます。

後世に与える影響というのはそれです。

**一度の例外も許さない、認めない、ためにこれまで天皇家は無事だったので**

す。

しかし、そうではないとすると、足利天皇以外にも「馬の骨天皇」が、何人か出現したかもしれません。

さしずめ、三英傑・織田信長、豊臣秀吉、徳川家康あたりがその候補になるでしょうか。

# 第二十五章

# 信長に関する二つの「もしも」

## ❖幸運と偶然

織田信長は、日本の歴史上最も強烈な個性を持つ天才であり、歴史に与えた影響力は極めて大きいものがあります。

それゆえ、「もしも……でなかったら」という仮定も、信長に関しては少なくとも二つ成立します。

その第一が、「もし信長が桶狭間で今川義元を討ち取れなかったら」です。

この仮説は意外に難しいのです。

**というのは、あの桶狭間の勝利というのは、歴史の神が彼を勝たせた、としかいいようのない、まさに奇跡的な勝利だったのです。**

兵力差は少なく見積もっても四対一です。信長の方が一で、戦術として見ても、あんなところで奇襲が成立するわけがありません。

はっきり言えば信長には成算などなかったでしょう。ただ、座して死を待つよりは、死中に活を求めたに過ぎません。

ところが、たまたま豪雨が起こり、信長軍の接近する気配を消してくれました。そのうえ義元はたまたま休息を取っていて、奇襲されやすい位置にいました。

数々の幸運と偶然が重なりあいました。その、ただ一度のチャンスを信長はものにしたのです。野球で言えば、ただ一球の「失投」をとらえて逆転満塁ホームランを打ったようなものです。

だから、もし、あの時信長が義元を取り逃がしていたとすると、もう二度とチャンスはなかったでしょう。

**義元はなんとなく「バカ殿」という印象がありますが、それはとんでもない誤解で、むしろ英明な男でした。ただ生涯の最後において大失敗をしたので、そんな印象を持たれているだけです。**

ただ、さすがの義元も、まさか信長が奇襲戦法に出てくるとは思いませんでした。だからこそ不意をつかれたのです。しかし、この手は一度きりしか使えません。二度目は用心します。つまり、義元は決して同じまちがいを繰り返さなかっただろう、ということです。

逃げ延びれば、今度こそ義元はフンドシを締め直して、再び攻め寄せます。もともと、両者には絶対的な兵力差があります。義元が奇襲に対して万全の備えをしてくれれば、信長にはもう勝ち目はありません。かといって、降伏する気もないでしょう。

ということは、永禄三年（一五六〇）以降、相当早い段階で信長はこの世から消えるということになります。

## ❖信長あっての秀吉、家康

では、その後どうなるでしょう？

これが難しいのです。

信長がいなくなったとしたら、天下を取るのは秀吉か家康さ、などとは言えないからです。

**秀吉も家康も、信長の活躍によって世に出たのです。**

確かに二人とも優秀な男です。それはまちがいありません。しかし、秀吉は信長に仕えていたからこそ、百姓の小せがれから天下人になることができたのです。

戦国時代は実力主義で、どんな大名も人材登用に熱心だったと思われていますが、実際はそれほどでもありません。当時の大名家というのは血縁共同体であって、余所者《よそもの》はいかに優秀でも「重役」にはなれないのが普通です。

現に秀吉も信長に仕えるまでは、今川家の家臣である松下家に仕えていましたが、そこでは出世できませんでした。身分を問わずに実力さえあればいくらでも出世できる、というのは、実は信長の織田家だけだったのです。その信長がいなくなれば、いくら秀吉でも一代のうちに天下人になることはできません。それどころか大名にもなれなかったでしょう。せいぜい侍大将クラスで生涯を終えたのではないでしょうか。当然、身内であった加藤清正や福島正則も、その程度の身分で終わったでしょう。

では、生まれながらの大名であった家康はどうでしょうか?

これも天下人にはなれません。

家康は、今川義元の家来同然でした。彼の父・松平広忠は家来の手によって殺され、彼は幼少の身で織田氏、今川氏の元で人質として成長しました。成人してからも、独立できず、今川家の属将の扱いでした。

つまり今川の植民地にされていたのです。義元が戦争するたびに松平家の侍たちは最も危険な最前線に配置され、戦死率も異常に高いものでした。義元にしてみれば、三河兵（松平）は使い捨てでよかったのです。家康（当時は松平元康）以下、三河兵が全滅してもいいのです。そうなれば、三河国はまるまる今川家のものになるのですから。

義元がいる限り、彼は今川家の「使い捨て」で終わったでしょう。**信長が義元を殺してくれたからこそ、家康は天下人の道を歩むことができたのです。その信長が永禄年間に死んでしまえば、家康の未来もありません。**

## ❖天下統一はだれの手で

となると、一体誰が天下を取ったでしょうか。

一番可能性があるのは武田信玄ですが、その信玄も、実は「桶狭間」の恩恵を受けています。義元が死んだために、今川家は本物の「バカ殿」氏真《うじざね》が継ぎ、その結果、信玄はやすやすと今川の領国駿河《するが》国を取ることができたのです。山国甲斐から海に面した駿河を取ることによって、信玄の経済力は飛躍的に増大し、あれだけの力を蓄えることができました。義元健在ならそうはいきません。

では、今川義元自身はどうなったかというと、まず一つ誤解があるのは、彼が尾張に攻め寄せたのは上洛のためだという点です。

つまり天下に号令するため上洛を目指して、まず尾張に侵入したというのですが、これは実は確かな証拠は何もありません。もし一気に京を目指すなら、尾張を撃破したあと、伊勢か近江を通らなければなりませんが、そのための準備工作をした形跡がないのです。

ですから、あれは単に尾張を取るための戦いだったのです。もちろん、尾張はすぐに取れるでしょう。そうなればますます今川家は強くなり、相対的に信玄の出番は少なくなります。

では、義元が天下を取ったか、というとそうでもありません。

私は、義元に本当に天下を取る気があったのか、疑問に思います。名門出身の彼は、むしろ室町幕府を再興し、その有力者となることを望んだのではないでしょうか。そうなるとそれは天下統一とはかなり様相が違ってきます。

逆らう者は滅ぼし、自分のやり方を貫いてこそ、天下を統一したと言えるのです。

となると、実は一人、大きな天下人の候補がいます。

奥州の伊達政宗です。

政宗は、通常の歴史では、秀吉に後れを取りました。

彼がまだ三〇歳そこそこの若さで、奥州をほぼ平定した時、秀吉は既に日本の大半を手中に収めていました。「遅れてきた英雄」政宗は無念の涙を呑んだのです。

しかし、もし、秀吉の出番がなかったとしたら、おそらく政宗は奥州を平定した勢いで関東から西へ進んだのではないでしょうか。

秀吉だからこそ、その時点で日本の大半を手中に収めることができたのです。

義元や信玄や北条氏康では無理です。

ということは、逆に政宗に天下統一の大きなチャンスがあったということになります。

## ❖信長が本能寺で死ななかったら

信長に関するもう一つの「もしも」は、「もしも信長が本能寺で死ななかったら」というものです。

こちらの方は、想像するのはそれほど難しくありません。

しかし、歴史に与える影響力はこちらの方がはるかに大きいでしょう。比べものになりません。

**まず確実に言えるのは、信長はその後天下を統一し、海外へ進出しただろう、ということです。**

それも、秀吉の朝鮮侵略のようなずさんなものではありません。おそらく信長の好みから言って、南蛮つまり東南アジアへの進出になったのではないでしょうか。

実際の歴史にある山田長政のように、その兵力を大規模にした形で、たぶん東南アジアのどこかに植民地を作ることになるでしょう。

イスパニア（スペイン）が、当時の皇太子の名「フィリップ」から「フィリピン」を作ったように、信長もやるでしょう。そして、ポルトガルと三つ巴《ともえ》の植民地争奪戦になったに違いありません。

**つまり、日本の国際舞台への登場が三世紀ほど早められる、ということです。**

一六世紀の時点で日本がポルトガルやイスパニアのような植民地帝国を目指すとなると、日本は今とはかなり違う国家になります。

ブラジルのように、混血が進み、外に開いた国になります。当然、いわゆる島国根性は影をひそめ、豪快で、どちらかというと粗雑な国になるでしょう。

**もちろん、繊細な日本文化というものは、かなりの度合いでなくなっているに違いありません。**

# 第二十六章

# もし生類憐みの令が出されなかったら

## ❖〝憲法〟は歴史的必然だった

**その時点では犯罪的行為でも、後世では評価されることもあり、その逆もあります。**

歴史上の人物や事件の評価は難しいものです。

前者の例で言えば、明治維新の時の志士たちの活躍がそうです。そう言うと、けげんな顔をする人がいるかもしれませんが、あれはあくまで当時の中央政府（幕府）を倒す運動ですから反政府活動であり、当時の法律では死刑に値する「罪」です。実際、処刑された者もいます。

ですが、彼らがその「罪」を得ることを恐れずに頑張ったからこそ、今日のわれわれがあります。その意味で偉大な功績であることはまちがいありません。しかし、同時代の人々から見れば、あれはあくまで「犯罪」です。

一方、当時は評価されたものが、後世ではケチョンケチョンにけなされることもあります。

**まことに人間の行為というものは、「百年後の知己を待つ」ものかもしれません。**

ところが、中には百年たっても二百年たっても評価が低いものがあります。さしずめ、徳川幕府五代将軍・徳川綱吉の出した「生類憐《しょうるいあわれ》みの令」など、その典型でしょう。

これが、希代の悪法であったことは、日本人の常識です。「お犬さま」という言葉がその実態を示しています。

動物を大切にしろ、というのはいいのです。しかし、その法を犯したからといって人間を死刑にするのは本末転倒である、というのが大方の見方でしょう。

実際、この時代には、犬どころか、ツバメを吹き矢で殺した少年が処刑されたり、蚊を殺した小姓が遠島に処せられたりしました。

この小姓は江戸城で勤務中に、蚊が頬にとまり思わず手で叩いて殺しました。そしてその死骸を頬にくっつけたまま綱吉の御前に出たところ、見とがめられたのです。「法に対するあてつけだ」と誤解されたのです。そのあげくが遠島ということになりました。

無茶苦茶な法律です。

古来から、この法律は暴君綱吉の暴政の象徴とされており、弁護する人はいません。

また、この法律は、綱吉に子（男子）が生まれず、それを気に病んだ綱吉が隆光《りゅうこう》というオベンチャラ坊主の言うことを真に受けたことに端を発していると伝えられているため、ますます評判が悪いのです。

いわば、独裁者の気まぐれで行われた悪法である、ということです。ならば、もし綱吉が将軍でなかったら、あるいは綱吉に男子が生まれていたら、あれほどひどい悪法はこの世に出現しなかったことになります。

つまり、「生類憐みの令」というものが、歴史上出現しなかった可能性はかなり高かったということにもなるのです。

ですが、本当にそうでしょうか。

実はそうではありません。

仮に将軍が綱吉でなくても、あの法律に近いことは誰かがやらなければなりませんでした。あの法律には歴史的必然性があったのです。

ここに、歴史というものの面白さ、深さがあります。

### ❖〝百万人を殺す〟英雄はいらない

では、なぜそうなのでしょうか。

**実は、あの「悪法」のそもそもの目的は、「戦国の遺風の一掃」にあったのです。**

戦国時代はどんな時代でしょうか。一口で言うと「人殺し」が金になる時代です。

これは比喩ではありません。本当の話です。

戦国時代というのは、敵と戦って殺せば、主君から褒美がもらえる時代なのです。

名優チャーリー・チャップリンは、映画『殺人狂時代』で「一人殺せば死刑、百万人殺せば英雄」と叫んだが、戦国時代とはまさに「百万人殺せば英雄」の時代です。

織田信長を見るといいでしょう。彼は少なく見積もっても数万の人々を死に追いやっています。当時は、毒ガスや原爆などの大量殺戮《さつりく》兵器がないので、百万人は少し無理ですが、「人力」だけでやったことを考慮に入れると、これは大変な数字です。

もちろん、豊臣秀吉も伊達政宗も、そして戦国レースの最後の勝者となった徳川家康も例外ではありません。

しかし、戦国時代は家康の天下統一によって終わりました。終わった以上、もう人殺しが金になる世の中ではいけません。「百万人殺した」英雄はもう必要ないのです。それどころか、平和な社会を築くには有害な存在となります。

しかし、いきなり、これからは「一人殺しても死刑だ」と宣言しても、人間の意識はそう一朝一夕に変わるものではありません。

何かあると、すぐに人が刀や鉄砲を持ち出し、ささいなことで喧嘩口論になり、殺し合いになります——戦国時代が終わっても、この「戦国の遺風」はなかなか改まりません。社会の急激な変化に人間の方がついていけないのです。

## ❖意識改革のための劇薬

では、この意識を変革するためにはどうすればいいのでしょうか。

一つは道徳教育です。そのためもあって家康は朱子学を日本に導入しました。しかし、それだけでは効果がありませんし、時間もかかります。そこで綱吉は劇薬を処方することにしたのです。

これが「生類憐みの令」の背景にあります。

確かに無茶な法律です。**しかし、人間の意識を大きく変えるためには、どうしてもそういう「無茶」が必要な時もあります。**

たとえば、信長は領内の乱れに乱れた治安を回復するために、「一銭斬り」という刑法を施行しました。これは、たとえ一銭でも人から盗めば死刑にするという、無茶苦茶な法律です。しかし、この法の施行以後、彼の領国尾張は「女が一人旅ができる」ほど安全な国となりました。このことは信長の偉業として、今日、評価されています。

「生類憐みの令」も、そういう視点で見るべきなのです。

当時は、ヤクザのように、肩が触れたとか、つまらないことで人が殺し合う時代でした。つい半世紀ほど前までは、本当に人殺しが金になる世の中だったのですから、それも無理はありません。当然、動物愛護の精神などカケラもなく、むしろ、慰みのために殺されるのが当然という社会だったでしょう。

それを、綱吉は変えたのです。

人を殺せば褒美をもらえる社会から、犬を殺しても死刑になる社会――この「一銭斬り」によって、日本人は羊のようにおとなしくなり元禄の盛世を迎えたのです。

では、もし、綱吉が将軍にならず、このような劇薬が処方されなかったら、一体どういうことになったでしょうか。

## ❖日本のアメリカ化

先程、この法律は「歴史の必然」と言いました。あの時代の日本は価値の根本的変換を求められていたのですから、この点はまちがっていません。

ですが、綱吉という個性的な人物が出たからこそ、あれほどの劇薬が処方できたのも事実です。

ということは、前言をひるがえすようですが、「生類憐みの令」が明確な形で歴史上に存在しなかった可能性もあります。

では、そうなっていたら、どうだったでしょうか。

日本人は、なかなか意識の転換をすることができずに、荒々しい戦国の遺風はずっと残ったに違いありません。そして、下手をすると、幕末期の日本が再び、「戦国」になった時代と、切れ目なしにつながった可能性があります。

**となると、日本人は今よりもずっとアメリカ人の考え方に近かったでしょう。**

唐突にアメリカが出てきて驚く人がいるかもしれませんが、一九九二年に起こった日本人留学生射殺事件のようなことがなぜ起こるかと言えば、つまるところアメリカはまだ「若い国」で、開拓時代の遺風が濃厚に残っているからです。アメリカの開拓時代は日本の戦国時代と似通ったところがあり、銃を抜いて先に相手を殺さなければ、自分の方が殺される——という気風がありました。

アメリカには綱吉もいず、「元禄時代」もなかったですから、こういう気風がいまも濃厚に残っています。

日本はまず秀吉が「刀狩り」をし、綱吉が「生類憐みの令」を出したので、アメリカ人とかなり気質が変わってきたのです。もしこれがなかったら、私の書斎の机の引き出しにも、いまごろ銃が一丁ぐらい入っているかもしれません。

短銃を持つことが法律で禁止されているのが日本であり、それを禁止することは個人の自衛権を奪うことだと考えるのがアメリカです。

**綱吉がいなかったら、もう少し日本の考え方はアメリカと似通っていたかもしれません。しかし、同時に、アメリカのように頻発する犯罪と治安の悪さに悩んでいたかもしれないのです。**

# 第二十七章

# もし田沼意次の改革が成功していたら

## ❖田沼悪人説はデッチ上げ

日本の歴史上、田沼意次《たぬまおきつぐ》ほど評判の悪い政治家はいません。やれワイロ政治だの、金権政治だの、腐敗堕落の極致だの、散々悪口を言われています。

そのワイロ話もスケールが大きいものです。たとえば、ある時、「京人形一箱」という大きな荷物が意次のもとへ届けられました。箱を開けてみると、本物の芸妓が入っていた、という話もあります。

TVの時代劇や演劇・小説等でも、意次は例外なく悪役です。ところが、実は「田沼悪人説」というのは、全くのデタラメ、デッチ上げなのです。

そう言うと驚く人が多いでしょう。無理もありません。これはようやく明らかにされたことで、少し前までは教科書にもそんな話は載っていませんでした。しかし、本当なのです。そのうち教科書の記述も書き換えられるでしょう。

問題は、どうして意次がそれほどまで悪く言われたか、です。

それは、彼の目指した改革が、幕府「守旧派」の猛反発を買ったからなのです。

## ❖泰平の世が生んだ「側用人」

徳川幕府の身分秩序というものは、家康が決めた枠組みを動かさないということが、基本になっていました。将軍家に生まれたものは将軍であり、大名は大名、家老は家老、足軽は足軽にしかなれません。

幕府の組織で今の大臣にあたるのは「老中」ですが、この老中にしても譜代《ふだい》大名という特別な家柄に生まれなければ、なる資格がないのです。

どうしてこんな一見不合理とも思われる制度を作ったかというと、**それは社会の安定ということが、江戸時代の初期においては政治の最重要課題だったからです。**その直前の戦国時代とは、一言で言えば「足軽でも天下人になりうる」社会です。現に豊臣秀吉という男がいました。しかし、みんなが秀吉を目指したのでは、いつまでたっても世の中は落ち着きません。そこで、家康は戦国レースの最終勝者になった時点で、「これからは身分を固定する」と宣言したのです。一見不合理のようですが、「自由競争」を無くしたことで、確かに社会は「泰平」へと向かいました。

ですが、社会の安定が当たり前になると、今度はこの身分制度の弊害が出てきたのです。

時代は有能な政治家を必要とします。ところが、この制度では門閥《もんばつ》（名門）出身でなければ老中になれません。すなわち政治の第一線に立てないのです。

そこで、時代の要請に応じて生まれたのが「側用人《そばようにん》」システムでした。

側用人とは本来は将軍の秘書官にすぎません。しかし、身分にかかわらず登用できるという利点があります。そこで歴代の将軍は有能な人物をこのポストに採用し、権限を拡大する方向へ導きました。具体的に言えば、将軍は側用人を通してしか老中（複数）に接しないことにより、側用人が実質的に老中の合議《ごうぎ》に口出しできる体制を整えたのです。

こうした中で、五代将軍綱吉に仕えた柳沢吉保、六代家宣《いえのぶ》・七代家継《いえつぐ》には間部《まなべ》詮房《あきふさ》、一〇代家治には意次と、人材が「輩出」したのです。

ですが、こういう人に対し、門閥派の老中は当然不快感を抱きます。「成り上がり」「おベッカ野郎」「下賤な身分のくせに」――等々。ただ名門出身というだけで何の取り柄もない連中は、なまじ彼らに才腕があるだけに、余計気にさわるということになります。

お気付きだと思いますが、柳沢にせよ間部にせよ田沼にせよ、いわゆる通俗時代劇ではだいたい悪役です。しかし、その「悪」という見方は、彼ら門閥派のものです。われわれがその見方を踏襲するのはおかしいのです。

側用人システムは時代の要請が生んだ必然的な制度です。そして、初めは側用人として採用された人間が、譜代大名に抜擢《ばってき》され、ついには大老格や老中になるというコースも生まれました。柳沢吉保や意次はこのコースを歩んだのです。つまり門閥出身でない「実力派老中」です。

そして、側用人という「ウラ」の権力と老中という「オモテ」の権力を一身に集めた「エース」田沼意次は、幕府政治の大改革に乗り出したのです。

## ❖意次の目指したもの

意次は何を目指したのでしょうか。

それは第一に傾いた幕府の財政再建でした。その手段として彼は税制改革に手をつけました。

当時、幕府の収入というのは、ほとんどが農民からの年貢でした。もちろん、一部の外国人との貿易収入、また全国の金山・銀山からの収入もありましたが、大半は年貢という名の直接税でした。

**田沼はこの農業一辺倒の政策を、商業重視の政策に改めようとしました。**

つまり、商業、貿易を盛んにして、その中から税を徴収しようとしたのです。

当然、これは最終的には開国を目指すことになります。また、蝦夷地《えぞち》なども開拓して積極的にロシアと接近することにもなりました。

ところが、これが幕府守旧派の猛反発を買ったのです。

「なぜ?」というのが、読者の率直な反応でしょう。産業振興も開発も、何が悪いか、結構なことじゃないか、と現代のわれわれは考えます。ところが守旧派にとっては、それはとんでもないことなのです。なぜなら、彼らのイデオロギーは儒教だからです。

当時守旧派のエースは誰かといえば、松平定信でした。定信は八代将軍吉宗の孫という名門の出身であり、しかも後に「寛政異学の禁」を出したことでもわかるように儒学の中でも朱子学以外（異学）を認めないというコチコチの朱子学徒でした。

儒教の中で最も「守旧派」の朱子学の目から、田沼の改革を見ると、一体どういうことになるのでしょうか。

まず、商業を盛んにすること自体、とんでもないことです。士農工商という言葉でもわかるように、商というのは職業としては最低なのです。なぜ最低かというと、「士」は民衆を指導する立場だし、「農工」は物を生産するからいいですが、**「商」は人が生産した物を右から左へ動かして「カスリ」を取るだけの賤《いや》しい職業だ、というのが朱子学の考え方です。**だから政府が商業を盛んにしてそこから税を取るということは、「カスリ」の「カスリ」を取るということになってしまいます。まともな政治家のやることではありません。守旧派には経済も流通も頭にないのです。

**また開国は、鎖国という江戸幕府の祖法に反することになります。祖法とは先祖の定めた伝統的な法です。その法をみだりに変えることは、儒教の最大の徳目である「孝」に反することになります。**

蝦夷地の開発もそうです。家康はそんなことは言わなかった。あんなところは放っておけばいい、ということになります。

意次にはツキがありませんでした。

彼の目指した方向は間違っていなかったのですが、大規模開発プロジェクトであった印旛沼《いんばぬま》開拓も悪天候によって失敗し、彼の後継者として期待されていた意知《おきとも》も暗殺されてしまいました。

しかも、彼の政権担当時には、凶作、噴火、地震など、これでもかこれでもかと天変地異が襲ったのです。

これは政権担当者の責任ではありません。

しかし、朱子学では「責任」になります。**この世は徳のある人間が治めればう**

**まくいき、天災すら起こらない。逆に不徳の人間が治めると世の中は不幸になる——これが朱子学の徳治主義です。**

ですから松平定信が「田沼のような悪いヤツが政権の座にあるから、政治はよくならないのだ」と思ったことは確実です。

## ❖逆行政策の結末

もうお気付きでしょうが、田沼悪人説を書いた史料というのは、すべてこの松平定信以降に作られたものなのです。

定信は後に寛政の改革というものを行いましたが、この「改革」というのは実際には時代に逆行する政策でした。

「農に帰れ」というのが、その基本なのです。これは徳川吉宗の享保の改革も、水野忠邦の天保の改革も同じです。儒教が根本にあるから、どうしても商業無視・経済無視になります。これではうまくいきません。

では、この田沼の、本当の意味での「改革」が成功していたら一体その後の歴史はどうなったでしょうか？

そのことを考えるヒントは、実は幕末に「雄藩」と呼ばれた、薩摩・長州の動向です。

実はこれらの藩では、調所広郷《ずしょひろさと》、村田清風らが意次の役目を果たし、改革に成功したのです。

そのために、明治維新の時に、薩摩と長州合わせて二百万石足らずだったのに、八百万石の幕府に悠々と対抗することができました。

**幕府が農業中心の経済であったのに対し、薩摩・長州は商業立国でした。ですから対抗できたのです。**

もし、意次の改革が成功していたら、幕府は明治維新において、もっと主導権を握ることができ、あるいは日本は幕府を中心とした連合国家に生まれ変わっていたかもしれません。

当然、大政奉還はなかったということになります。

# 第二十八章

# もし黒船がやって来なかったら

## ❖アメリカは紳士的な外交を望んだ

日本は昔から外圧がかからないと、変革を成し遂げることができない国でした。

わかりやすい例が、幕府による鎖国体制です。

当時の幕府いや日本は「一人の外人も日本には入れない」という、当時の国際情勢から見て到底貫き通せないような、ヒステリックで強硬な態度を取り続けていました。

こんな幕府に対して諸外国は、何とか日本を「貿易体制」の中に入れようとさまざまなアプローチを繰り返しましたが失敗し、ついにアメリカのペリー提督が成功しました。いわゆる黒船の襲来で、嘉永六年（一八五三）のことです。

日本はペリーの強硬な砲艦外交《ガンボート・ディプロマシー》に屈し、とうとう翌一八五四年、屈辱的な日米和親条約を結ばされました。これが四年後の安政五年（一八五八）の日米修好通商条約につながっていきます。

これは治外法権がアメリカ側に認められ、日本側の関税自主権はないという、極めて悪質な不平等条約でした。後にこれを引き継いだ明治政府が、条約改正のために苦心惨憺《さんたん》したのは、よく知られています。

日本は、ペリーによって脅迫され、無理矢理不平等条約を結ばされた。悪いのはアメリカだ、と多くの人は考えているでしょう。

しかし、これは実は大きな思い違いなのです。

アメリカが日本の国を開かせようとした、そもそもの動機は「捕鯨」でした。今から考えると信じられない話ですが、一九世紀のアメリカは捕鯨が盛んで、そのために太平洋に寄港地が欲しかったのです。アメリカの捕鯨はメルヴィルの傑作『白鯨（モビーディック）』でも知られています。

ぜひとも注意してほしいのは、**アメリカは最初、日本に対して寄港地開放を「お願い」する立場だったということです。**

だから、このアプローチも初めは極めて紳士的なものでした。アメリカからやってきた最初の使節は、非武装の民間商船モリソン号でした。モリソン号は日本人の漂流民を乗せ、これを日本に送還することを契機に、国交を開こうとしたのです。いわば「民間外交」です。

ところが当時の幕府は「外国船は例外なく打ち払うべし」という方針のもと、この非武装の民間船にいきなり砲撃を加えました。日本の大砲が粗悪だったために死者はでませんでしたが、モリソン号はほうほうの体で帰国したのです。

この幕府の対応に、あまりにひどいと批判を加えたのが、蘭学者渡辺崋山《かざん》、高野長英《ちょうえい》らでした。ところが、幕府はこれも「御政道に口を出すとはケシカラン」と弾圧します。これを蛮社《ばんしゃ》の獄《ごく》といいます。

**日本人は蛮社の獄という国内事件は知っていますが、その原因がモリソン号事件だったということは忘れてしまっています。**

**しかし、アメリカは忘れていません。**

次に日本に来た使節は、公式のもので、アメリカ東インド艦隊司令長官ビッドルの率いる黒船でした。弘化三年（一八四六）ペリーに先立つこと七年前です。この時、黒船は浦賀の港には入りませんでしたが、沖合いにはちゃんと姿を見せています。

しかし、ビッドル提督はペリーのように恫喝《どうかつ》はせず、極めて紳士的に開港する意思があるかと打診しました。

しかし、幕府はこれをも門前払いにしたのです。

ここにおいてアメリカの世論は激高しました。

それは当然です。日本の態度は、あまりに無礼かつ非常識だったからです。

## ❖日本外交の敗北、その結果……

そこで、ペリーが選ばれました。

「日本人というのは結局は話し合いに応じない人種だ」とアメリカ人は考えました。そして、そういう役目に最もふさわしいペリーとハリス（初代公使）が選ばれたのです。

ペリーはいきなり江戸湾深く侵入し、江戸砲撃も辞さない構えを示しました。

幕府は呆気なく屈しました。

その挙句が不平等条約です。

アメリカ外交の勝利です。その記録には「日本人とは話し合っても埒《らち》はあかない、脅すのが一番効果的である」と記されたでしょう。

私はこの教訓（？）が今もアメリカ人の心の中に残っているのではないか、という気がして仕方がありません。

アメリカ外交の勝利とは、裏を返せば日本外交の敗北です。モリソン号の時から、いずれ日本は開国に向かわざるを得ないという正論は語られていました。ビッドル提督の時は、黒船すら一部の日本人の目には触れています。ですから、せめてビッドルからペリーまでの七年間、いずれ開国をしなければならないかもしれないという前提で、物事（有事）を考えていたら、あんな無様な条約を結ばずに済んだでしょう。

一粒の――いや、一人の外国人も日本に入れない、などというバカな机上の空論を振り回しているから、そういう結果になってしまうのです。

**黒船がペリーという強引な男とともにやってきたのは、アメリカ側だけの事情ではありません。日本の側にも、そういう乱暴な男が来るように仕向けてしまったという経緯があるのです。**

したがって、もしアメリカが黒船を派遣しなくても、必ずどこかの国、イギリ

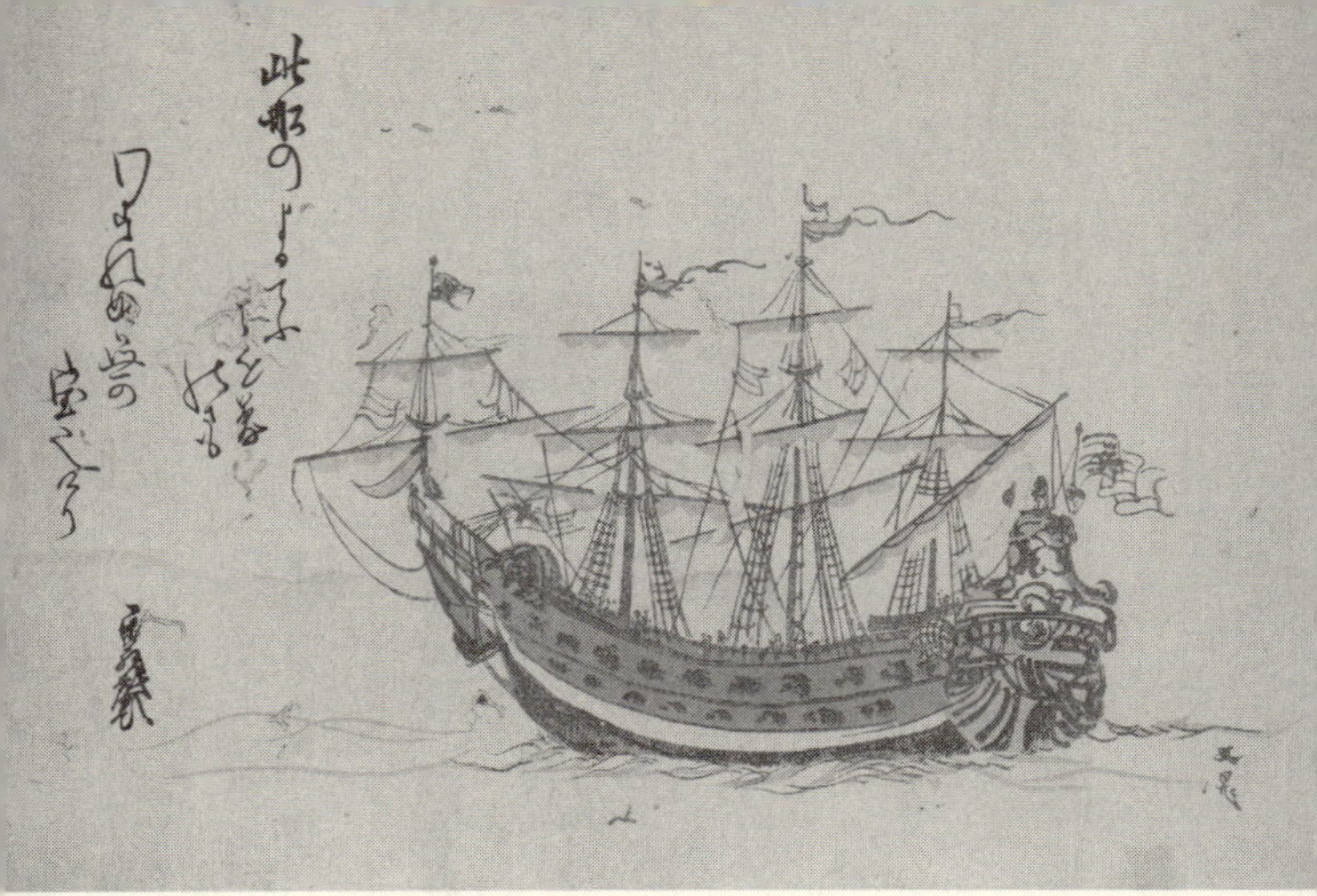

黒船（文晁作　国立国会図書館蔵）

スカフランスかロシアが、同じことをやったでしょう。

「交渉《ネゴシエーション》」というものを、頭から拒否するような態度に出るから、相手を怒らせてしまいます。交渉否定ということは、外交の否定です。

## ❖一五〇年前の轍は踏まない

国際社会の中で生きる日本としては、こういう態度は絶対に取るべきではありません。取るべきではありませんが、往々にして日本はこういう態度に出てしまいます。太平洋戦争の時にも、それがありました。

しかし、最近は日本も少しは変わったのかもしれません。

ですが、幕末の時代はそうではありませんでした。

あの時代は、欧米列強による植民地獲得競争の時代です。

したがって、ペリーが何らかの事情で来なくても、必ずどこかの国が同じことをしたでしょう。**黒船は日本の歴史を大きく変えましたが、決して偶然の出来事ではありません。**

これまで取り上げた数々の事例は、もしそれがなければ歴史が大きく変わっていたと言えるものばかりですが、この黒船に対して言えば、これがなくても必ず他に類似のことが起こっただろう、と言えます。

そういう意味では珍しい例かもしれません。

# 第二十九章

# もし日本が太平洋戦争に勝っていたら

## ❖いきすぎた平和教育

昭和二〇年（一九四五）、日本が太平洋戦争に負けた時、もう二度と戦争はしまい、というのが日本人全体のコンセンサスとしてありました。

だからこそ、独立国家としては異例の完全非武装を盛り込んだ憲法も、すんなりと受け入れたのです。

教育の面でも、「戦争は悪である」ということが強調され、「平和こそすべて」という価値観がすべてに優先しました。

確かに戦争で失われた数百万人の犠牲者のことを思えば「平和こそすべて」という教育が徹底して行われたのも無理はありません。

しかし、世の中には「羹《あつもの》に懲《こ》りて膾《なます》を吹く」というたとえもあります。「過ぎたるは猶《なお》及ばざるが如し」という金言もあります。

平和教育もあまりに度が過ぎると弊害があるのです。

**その第一は、軍事に対する常識を失うことです。今でも世界の政治を動かす重**

**要な要素として軍事があります。しかし、日本は国際政治における軍事の重要性を無視、ないしは軽視する傾向があります。**ですからPKO問題に関しても、湾岸戦争の対応にしても、カネは出すが感謝されないという愚かな対応を繰り返しています。これも、マスコミ・政治家・国民の大半が、軍事常識に欠ける面が多々あるからです。

そして**第二に、歴史に関する誤解を招くことがあります。**

「平和は何よりも尊い」「戦争は愚かだ」ということを、徹底的に叩き込まれた人間は、過去の戦争を起こした人々について「バカだった」としか思えないことになります。確かに愚かなことには違いありませんが、やむを得ざる事情もあったのです。それを一切教えずに、ただ「愚かなことだ」と叩き込めば、子供たちは「昔の人はバカだったのだ、自分はそんなにバカではない」と当然思います。「歴史など振り返る必要はない」ということにもなります。そういう子供たちは大人たちに「なぜ戦争に反対しなかったのか?」「なぜ徴兵を拒否しなかったのか?」と言います。そんなことは到底不可能だったということが、分かっていないのです。

これはすべて「平和教育」の成果です。

太平洋戦争についても、あれは「行うべき戦争ではなかった」という観点から、戦術論を語ることは、以前は一種のタブーでした。

たとえば「あの時、こうすれば勝っていた」という類いの論です。

**しかし、歴史の研究に本来タブーがあるのはおかしいのです。**最近ようやくシミュレーション戦記等もでてきて、この面の論議が自由になってきたのは、喜ばしいことです。

## ❖勝算を見込んだ対米開戦

さて、私もそれをやってみましょう。

そもそも日本軍部が対米開戦に踏み切ったのは、全くの暴挙だったのでしょうか。

必ずしもそうは言えません。

人によっては、日米の生産力の差がきわめて大きいことに注目し、いくらやっても勝てるはずのない戦いだったと主張します。

確かに、当時、日米の生産力の差は大人と子供ぐらいの違いはありました。それは事実です。

**しかし、それでも当時の軍部が開戦に踏み切ったのは、海軍力において日本の方がやや優勢だったからです。**

この優位の海軍力、具体的には空母を中心とした機動部隊を使って、敵主力空母を叩く、そうすればいくらアメリカが生産力において優《まさ》っているといっても、しばらくの間は制海権を握って太平洋を支配下におけます。アメリカは指をくわえて見ているしかありません。その間、日本は有利な条件で講和を結ぶことができます。

もともと非戦論者の山本五十六海軍大将が開戦に同意したのも、この作戦なら勝算があると思ったからです。

当然、そのためには奇襲戦法を取らねばなりません。現在の海軍力の優位を決定的なものにするためには、敵機動部隊に壊滅に等しい打撃を与えねばならないのです。

そこで真珠湾攻撃というアイデアがでてきました。

## ❖偽りの「成功」がもたらしたもの

しかし、ここで肝心なことが二つあります。

昭和一六年（一九四一）一二月八日に行われた真珠湾攻撃は、実は失敗だったのです。

一つは、在米公館の怠慢によって宣戦布告が遅れ、「卑怯な日本人」として、アメリカを怒らせてしまったことです。これはよく知られています。

しかし、もう一つのことはあまり知られていません。

**それは真珠湾で、日本の攻撃隊は敵の空母を一隻も沈められなかった、という事実です。**戦果は、戦艦アリゾナほか五隻で肝心の空母は湾外に出ていたのです。

ところが、日本人は、この「成功」に有頂天になって、我を忘れてしまいました。

**当初の目的が達成できなかった以上、一刻も早く戦争を収拾することを考えるべきだったのに、むしろ「この戦争はいける」と考え軍部もマスコミも、それを**

山本五十六

**ありました。**

生産力に優るアメリカと、一番やってはいけないのは、長期戦です。その長期戦を進める方向に日本は進んだのですから、やはり負けるべくして負けたのです。

## ❖結局、敗北の道へ

ここで、もしあの時、真珠湾で敵機動部隊の主力を叩くことに成功したとしましょう。そうすると、山本五十六の意図は達成されることになります。問題はそこで有頂天にならずに、日本の上層部の方から早期講和をアメリカに持ち込むことができるかどうかです。それができなければ、結果は現実の歴史と同じになります。

というのは、アメリカではマンハッタン計画（原爆開発計画）が着々と進行中だったからです。昭和二〇年まで戦争が継続したら、その時期まで日本がいくら優勢でも必ず負けます。

では、うまく講和が結べたとしましょう。

とりあえず太平洋では日本の勝利となります。

しかし、問題は当時の日本は、中国でも南部インドシナでも、戦線を拡大していたことです。

特に中国とは、何度も戦争を収拾するチャンスがありました。それを軍部は全く無視しました。政府もそれは同じです。

当時の近衛文麿首相は、「蔣介石政権を相手にせず」という、外交放棄の声明を出して、世界中を呆れさせました。

となると、太平洋戦争に勝ったとしても、その利点を生かせる期間は、わずかだということになります。

結局、日本は戦争を収拾できずに、敗北するでしょう。

**なぜなら、昭和前期の日本の戦争には、明確な戦争目的というものがないからです。**

たとえば野球なら九回までやってリードしていれば勝ち、サッカーなら九〇分で点数の多い方が勝ちます。

目的を定めて、その期間に力を集中しない限り、戦争もゲームも勝てません。ところが、日本は、ただダラダラと戦争をやっていただけなのです。戦争目的がしっかりしていれば、その目的が果たせない場合は、当然収拾することを考えます。降伏あるいは講和です。

日本も日清・日露戦争のときは、戦争目的がしっかりしていました。それゆえ、果実を得ることができたのです。しかし、昭和の戦争は、結局、欲の皮を突っ張らせた挙句、何もかも無くしたのでした。

**しかし、植民地をすべて無くしたことが戦後の日本の経済発展につながるのですから、世の中何が幸いするか分かりません。**

## ❖戦争に負けて得たもの

もし、日本が昭和一六年からの対米戦争にはとりあえず勝利を収めたとして、その後は具体的にはどうなるでしょうか。

まず、日本は南部仏印を自己の領土に組み入れ、その資源を活用して中国の侵略をますます進めることになります。

当然、アメリカは反発の度合いを強め、いずれ第二次太平洋戦争に発展するでしょう。

アメリカはその生産力をすべて軍需部門に振り向け、戦争の準備を進めることになります。

この間、もちろんマンハッタン計画は進行します。そして、おそらく、第二次太平洋戦争の初頭において、原爆は日本軍に向けて使用されることになるでしょう。

ただの一発で、日本の機動部隊は壊滅します。

時期としては、昭和二一年から二二年ごろになるでしょうか。

しかし、それは現実の太平洋戦争による惨憺《さんたん》たる敗北ではないですから、日本も無条件降伏ではなく、条件付きの講和を結ぶことになります。

となると、農地解放や財閥解体、特に新憲法制定が行われたかどうか、疑問です。おそらく華族制度も温存されたでしょう。

それを考えると、日本はやはり戦争に負けてよかったのかもしれません。

もちろん、数百万人の犠牲者のことを思うと、軽々しく言えないことではありますが、**そういう大変化がない限り、国というものは自らを改革できないというのも、また歴史の鉄則なのです。**

著者紹介

**井沢元彦**（いざわ　もとひこ）

作家。昭和29（1954）年、名古屋市生まれ。早稲田大学法学部卒業後、TBS報道局記者時代に、『猿丸幻視行』で第26回江戸川乱歩賞を受賞。退社後、執筆活動に専念する。独自の歴史観で、『週刊ポスト』にて「逆説の日本史」を連載中。
主な著書に、『逆説の日本史』シリーズ、『逆説の世界史』シリーズ（以上、小学館）、『英傑の日本史』シリーズ（角川学芸出版）のほか、『世界の裏側がわかる宗教集中講座』（徳間文庫）、『日本人が知らない世界中から愛される日本』（宝島社）、『新聞と日本人』（祥伝社新書）、『学校では教えてくれない戦国史の授業』（ＰＨＰエディターズ・グループ）、『「誤解」の日本史』『学校では教えてくれない日本史の授業』『学校では教えてくれない日本史の授業 天皇論』『学校では教えてくれない日本史の授業 悪人英雄論』『学校では教えてくれない日本史の授業 謎の真相』（以上、ＰＨＰ文庫）などがある。

本書は、2000年3月に廣済堂文庫として刊行された『歴史if物語』を改題し、大幅に加筆・再編集したものである。

PHP文庫　学校では教えてくれない日本史の授業 書状の内幕

2017年3月15日　第1版第1刷

| | |
|---|---|
| 著者 | 井沢元彦 |
| 発行者 | 岡修平 |
| 発行所 | 株式会社PHP研究所 |

東京本部　〒135-8137 江東区豊洲5-6-52
文庫出版部　☎03-3520-9617(編集)
普及一部　☎03-3520-9630(販売)
京都本部　〒601-8411 京都市南区西九条北ノ内町11
PHP INTERFACE　http://www.php.co.jp/

| | |
|---|---|
| 組版 | 有限会社エヴリ・シンク |
| 印刷所<br>製本所 | 共同印刷株式会社 |

 ISBN978-4-569-76673-7